Richard M. Alderman
"El Abogado del Pueblo"

¡CONOZCA SUS DERECHOS!

TERCERA EDICIÓN

Respuestas a las preguntas legales, de todos los días, de los tejanos

Traducido al Español por
Arturo Sanchez-Rojas, J.D., Ph.D.

LIBRERIA AMIGOS
5401 Bissonnet
Houston, Texas 77081

A mis Abuelos

¡CONOZCA SUS DERECHOS!
TERCERA EDICION

Library of Congress Cataloging-in-Publication Data
Alderman, Richard M.
    [Know your rights! Spanish]
    Conozca sus derechos : respuestas a las preguntas
legales, de todos los días, de los texanos /
Richard M. Alderman. — 3. ed.
      p. cm.
    Translation of: Knows your rights!
    Includes index.
    ISBN 0-88415-060-7
    1. Law—Texas—Popular works. I. Title.
KFT1281.A3718 1992
349.764—dc20
[347.64]   92-12832
                                  CIP

*Esta publicación se ha hecho con el propósito de
proporcionar información correcta y autorizada,
sobre las materias cubiertas por la misma. Se vende,
con el entendimiento, que ni el editor ni el autor
están dando consejos legales a individuos específicos.
Gulf Publishing Company, está dedicada a conservar
al día sus libros. Cada nueva impresión, aunque se
llame nueva edición, ha sido revisada para reflejar
los últimos cambios. Este libro fue impreso y puesto
al día, en la ultima fecha indicada más arriba.*

*SI SE REQUIEREN SERVICIOS LEGALES U
OTRO TIPO DE AYUDA EXPERTA, SE DEBEN
BUSCAR LOS SERVICIOS DE UN PROFESIONAL
COMPETENTE.*

Producción y composición por:
Jorge y Vicky Duarte,
con el Periódico *La Voz de Houston*.

CONTENIDO

CAPITULO CUATRO

CONTRATOS 32

CAPITULO CINCO

TARJETAS DE CREDITO 40

CAPITULO SEIS

COBRO DE DEUDAS 52

CAPITULO DIEZ

ACTOS ENGAÑOSOS Y FALSOS 86

CAPITULO ONCE

INMIGRACION 101

PREFACIO

U sted puede que no piense en eso, pero casi cada día, usted tiene que conocer la ley. No solamente los abogados deben tomar decisiones basadas en el conocimiento de la ley, también personas como usted, deben aplicar los principios legales básicos en su vida diaria. Y si usted no conoce la ley, usted está tomando decisiones parcialmente, mal informado.

Las legislaturas de Texas y federal, han aprobado muchas leyes hechas para protegerle a usted en sus negociaciones diarias. La mayoría de esas leyes se consideran, auto-regulatorias. Esto quiere decir, que se supone que las leyes funcionen, porque usted sabe sobre ellas, y su conocimiento evita que los comerciantes traten de violar las leyes. El rompimiento del sistema es aparente: como la mayoría de las personas no conocen sus derechos de acuerdo con la ley, las leyes a menudo, no funcionan.

Este libro está hecho para asegurar que nuestras leyes funcionen, al ayudarle a usted a conocerlas. Este libro cubre una amplia variedad de tópicos que van desde los derechos que hay en las tarjetas de crédito, las relaciones entre arrendadores e inquilinos, a los aspectos legales de garantías y testamentos. La selección de tópicos y el formato de este libro se basan en mi experiencia personal como "El Abogado del Pueblo" en una estación de televisión de Houston.

Como el "Abogado del Pueblo", yo he recibido miles de cartas sobre los más comunes problemas legales. Esta correspondencia me ha llevado a dos conclusiones: primera, muchos de ustedes comparten los mismos problemas legales de todos los días, para los que no tienen las respuestas; y segunda, no hay disponible con facilidad una fuente de información. Este libro se ha escrito para tratar ambos problemas.

Este libro no se ha hecho para hacerlo a usted abogado, ni tiene la intención de provocar la interposición de pleitos legales. En vez de eso, está diseñado para que usted esté consciente de las opciones y derechos que tiene bajo la ley. Ya sea que usted esté lidiando con una tienda que no quiere reemplazarle un televisor dañado, un vecino cuyo perro ladrador lo mantiene despierto toda la noche, o quizás, un arrendador, que le ha deducido demasiado de su depósito. Usted debe saber sus derechos, de acuerdo con la ley para llegar a una solución justa y equitativa.

Una vez *alguien sabe, que usted conoce* sus derechos, él usualmente tratará rápidamente de llegar a un arreglo. El compromiso y el arreglo no la litigación, deben ser las metas de cualquier sistema legal. Y esta es la meta de este libro.

Richard M. Alderman

CAPITULO UNO

Solicitando Crédito

PARA la mayoría de nosotros, el crédito es una parte esencial de nuestra vida. Nuestras casas y autos y una gran parte de nuestras propiedades personales, se compran a crédito. Imagínese lo que sería tener que pagarlo todo en efectivo. En realidad, los Estados Unidos de Norteamérica es un país basado en el crédito al consumidor; juntos debemos cientos de miles de millones de dólares.

Debido a lo importante que es obtener crédito, el Congreso ha aprobado tres leyes para proteger a las personas que están tratando de obtenerlo:

Primera:

"La Ley de igualdad en oportunidades de crédito", que asegura que todos los que solicitan crédito estén en la misma situación al prohibir la discriminación basada en el color, la edad, la raza, el sexo o el estado civil.

Segunda:

"La Ley de verdad en préstamos" protege a las personas y evita que paguen "demasiado" por el crédito, al requerir, que toda la información pertinente se haga saber, antes de la firma del contrato, y aún más importante, que la información se dé en forma que se pueda entender. (En otras palabras, a usted se le *debe* dar suficiente información para permitirle buscar la mejor oferta de crédito).

Tercera:

"La Ley de un justo reporte de crédito", requiere que usted tenga una completa oportunidad de enterarse de la información que contiene su reporte de crédito. También le da el derecho de corregir cualquier error que exista en esa información.

Cuando usted solicita crédito, usted debe saber la ley. Usted debe saber también qué factores son importantes para obtener crédito, y qué información los que dan crédito "no pueden" usar para negarle crédito a usted. Como usted descubrirá en las siguientes cinco cartas, hay soluciones legales para algunos de los problemas más comunes que usted puede encontrar mientras trata de obtener crédito.

¿Por qué no puedo obtener crédito?
"A usted se le debe decir por qué."

Querido Sr. Alderman:
Necesito su ayuda. No me puedo explicar por qué nadie me da crédito. He solicitado dos tarjetas de crédito y en ambas ocasiones se me ha rechazado. Tengo un buen empleo y nunca he tenido problemas de finanzas, ¿Qué puedo hacer para obtener crédito?

Si a usted le han negado el crédito sin decirle por qué, alguien ha violado la ley. De acuerdo con la Ley de igualdad de oportunidad en el crédito, a usted se le debe notificar de la decisión tomada, dentro de los treinta días siguientes después de haber llenado la solicitud. *Si se le niega el crédito, se le debe notificar, por escrito. La notificación debe explicar las razones específicas para la negativa y debe informársele a usted que usted puede pedir una explicación completa.*
Si se le niega crédito, asegúrese de averiguar por qué. En su caso vuelva a leer la carta que recibió y vea si le dice a quien puede usted llamar para que le den una explicación. Si no tiene esa información, escriba al que da el crédito y demande una explicación de las razones específicas para negarle crédito. También puede considerar, el ponerse en contacto con la Comisión de Comercio Federal (Federal Trade Commission) para reportarle que el que da crédito no está cumpliendo con la ley. La FTC tiene una oficina regional en Dallas:

Federal Trade Commission
100 N. Central Expy., Suite 500
Dallas, Texas 75201

Después que usted averigue por qué le negaron el crédito, usted puede tomar los pasos para corregir el problema. Puede ser que el que da el crédito haya pensado que usted ha pedido mucho dinero, o que usted no ha estado empleado o ha vivido en la comunidad el tiempo necesario. Una vez que usted sepa por qué, usted puede hablar sobre este asunto con el que da el crédito y tratar de arreglar el problema. A veces usted descubre que el que da el crédito, simplemente, tiene un información incorrecta. Como usted verá en la siguiente carta, los reportes de crédito, pueden estar equivocados, y cuando lo están, usted puede corregirlos.

¿Qué puedo hacer si el Reporte de Crédito sobre mí, está equivocado? "Usted tiene derechos".

Querido Señor Alderman:
Rehusan darme una tarjeta de crédito. Se me dijo que la razón es que dejé de hacer varios pagos en mi casa móvil pero yo no tengo tal casa móvil. Cuando les pregunté dónde habían obtenido esa información, me dijeron que estaba en mi reporte de crédito, ¿Qué debo hacer? Estoy seguro que todos mis acreedores creen que vivo en una casa móvil, por la que no estoy pagando.

Hay una ley que le protege para que no haya información errónea o inexacta en su reporte de crédito. Es la Ley para un reporte justo del crédito. Esta ley le protege de reportes inexactos de información de crédito al darle a usted el derecho de enterarse del contenido de su reporte y permitirle que requiera que la agencia reportadora, corrija cualquier error. Debido a la importancia de tener un expediente de crédito exacto y al día, le sugiero que se ponga en contacto con la agencia que reporta el crédito inmediatamente y haga valer sus derechos de acuerdo con esta ley.

La "Ley para un reporte justo de crédito" se aplica a cualquier oficina o agencia que haga reportes sobre consumidores. La más común de las oficinas que reportan sobre los consumidores es el "Buró del Crédito". La información reunida por el buró de crédito, llamada "reporte del consumidor" se vende a acreedores, empleadores, compañías de seguros, y otros negocios con el propósito de evaluar su valor crediticio. Si a usted se le niega crédito debido a la información que contiene ese reporte, el que otorga el crédito debe darle a usted el nombre y dirección de la agencia que hizo el reporte. Supongo, que, en su caso, la empresa de crédito, le proporcionó esa información.

El siguiente paso es ponerse en contacto con la oficina que reportó el crédito y pedirle un reporte completo de la información que hay en su expediente. De acuerdo con la ley, la agencia reportadora, debe de hacerlo sin cobrarle nada. Usted puede pedir la inspección o revisión de su expediente, aun cuando no se le haya negado crédito, pero en este caso, usted tendrá que pagar una cuota pequeña.

De acuerdo con la ley, la oficina que reporta el crédito, debe decirle a usted, casi todo tipo de información que tenga con relación a usted. No se le requiere sin embargo que tenga que darle una copia del expediente, pero puedo hacerlo voluntariamente. A usted también se le deben decir los nombres de cualquiera que haya recibido una copia de este reporte dentro de los últimos seis meses.

Si usted no está de acuerdo con cualquier información, usted tiene el derecho de demandar que la oficina vuelva a investigar los puntos en cuestión. Si la nueva investigación revela errores, la oficina debe mandar una versión corregida del reporte a todo el que haya recibido el reporte antiguo durante los últimos seis meses.

En su caso demande una nueva investigación al buró de crédito. Si el buró de crédito descubre que usted no es propietario de una casa móvil, debe volver a notificar a sus acreedores, y darles una copia del reporte correcto. A veces, el buró de crédito, seguirá conservando su reporte original, y rigiéndose por él.

Por ejemplo, un acreedor, puede que haya reportado que el cliente ha pagado tarde alguna de sus cuentas. El cliente pagaba tarde solamente porque no le enviaban las cuentas a tiempo. El buró de crédito puede que rehuse cambiar el reporte porque el acreedor todavía dice que el cliente o consumidor pagó tarde. Si esto sucede, usted tiene el derecho de incluir una breve declaración que contenga su versión de por qué usted pagó tarde. Esta declaración formará parte de su expediente y se enviará cada vez que un acreedor pida el reporte de crédito.

Usted debe saber que hay un límite en cuanto al tiempo en el que la información de crédito se puede reportar a una oficina o agencia de reportes del consumidor. Generalmente, después de siete años la información se considera obsoleta y no se puede reportar. Sin embargo hay algunas excepciones, a esta regla:

- La información sobre bancarrota o quiebra se puede reportar hasta los 10 años.
- No hay límite de tiempo para la información reportada sobre un empleo, con un salario de más de $20,000.00 (al año).
- No hay límite de tiempo sobre información donde se reporte crédito o seguro de vida por valor de más de $50,000.00.

Si usted ha solicitado alguna vez una cuenta de crédito, un préstamo personal, seguro, o un empleo, alguien probablemente tenga un expediente sobre usted. Este expediente puede contener información que los encargados de crédito usan para determinar si usted merece dicho crédito. Todo, incluyendo, qué pronto paga usted sus cuentas, sobre si usted ha presentado quiebra o no, o si a usted lo han demandado, puede estar escrito en ese reporte de crédito.

Como un buen reporte de crédito es muy importante, sería una buena idea revisar su expediente, *antes*, que surja algún problema. Es muy fácil, llamar al buró de crédito, más cercano (vea la lista más abajo) y arregle tener una entrevista.

Amarillo
Amarillo Credit Association, 912 S. Taylor St., P.O. Box 470, Amarillo, TX 79184; teléfono (806) 374-1611 y 374-3758.

Austin
Merchants and Professional Credit Bureau, P.O. Box 1623, Austin, TX 78767; teléfono (512) 346-4305.

Beaumont
Credit Bureau of Greater Beaumont, 4347 Phelan, P.O. Box 20575, Beaumont, TX 77720; teléfono (409) 898-4731.

Corpus Christi
Credit Bureau of Corpus Christi, 723 Upper North Broadway, P.O. Box 1269, Corpus Christi, TX 78403; teléfono (512) 883-8421.

Dallas
CSC Credit Services, 1701 N. Greenville Ave., Suite 1004, Richardson, TX 75081; teléfono (214) 669-9029.

East Texas
CSC Credit Services, 300 East Main, Suite 300, P.O. Box 630950, Nacogdoches, TX 75963; teléfono (409) 564-7341.

El Paso
CSC Credit Services, 4120 Rio Bravo, Suite 319, El Paso, TX 79902; teléfono (915) 546-4120.

Houston
CSC Credit Services, 2100 Travis St., Suite 320, P.O. Box 674402, Houston, TX 77267; teléfono (713) 878-1990.

Laredo
Credit Bureau of Laredo, Inc., 516 N. Main St., P.O. Box 1619, Victoria, TX 77902; Teléfono (512) 573-9161.

McAllen
CSC Credit Services, 210 N. 10th St., McAllen, Tx 78501; Teléfono (512) 668-8293.

Midland-Odessa
Credit Data, P.O. Box 60635, Midland, TX 79711; Teléfono (915) 536-5136.

San Antonio
Associated Credit Services, Inc., 84 N.E. Loop 410, Suite 111E, San Antonio, Tx 78216; Teléfono (512) 525-1171.

South Central Texas
  Vea San Antonio.
Victoria
  Credit Bureau of Victoria, P.O. Box 2624, 516 N. Main St.,
  Victoria, TX 77902; Teléfono (512) 573-9161.

¿Cómo determinar y escoger el crédito?
"La verdad en los préstamos".

Querido Señor Alderman:
Yo pienso comprar un auto nuevo. Sé que es importante obtener
la mejor tasa de interés, pero todo es muy confuso. Hay todo tipo
de anuncios con diferentes tasas, y cada vez que llamo para
preguntar sobre intereses me hablan de APR.   ¿Qué es APR?
¿Cómo puedo comparar las tasas de interés, así como el precio?
Parece que usted no se entera de la tasa de interés hasta que haya
comprado algo.

Hasta hace poco, los acreedores, estaban en libertad de confundir a
los consumidores usando todo tipo de lenguaje, cuando les prestaban
dinero.   Las tasas de intereses se podían cotizar como "añadidos",
"descuentos" o "simples". Los términos de un contrato, tales como el
enganche o cuota inicial, el precio total, y penalidades, podían estar
escondidas, por el contrato, y tomaría un abogado descifrarlas.

Pero de acuerdo con la ley conocida como "La verdad en préstamos"
todo esto ha cambiado. De acuerdo con esta ley federal, los acreedores
deben usar una lengua común para explicar los términos del préstamo y deben dejarle ver una copia completa del contrato, antes de que
usted firme. *El propósito de "La verdad en los préstamos" es permitirle*
a usted comparar tarifas y que pueda obtener información de crédito
sondeando el mercado.

En la página opuesta vemos un ejemplo de contrato de venta. De
acuerdo con la ley, si usted fue a tres diferentes concesionarios de
autos, cada uno de ellos tiene que usar un formulario bastante
similar, para que usted pueda comparar cuánto ha de pagar y cuáles
son las tasas de interés.

De acuerdo con la ley, las tasas de interés se deben revelar, en la
forma de un porcentaje anual (APR).   Esta es una fórmula matemá-
tica que le permite a usted comparar tarifas, no importa, como las
compute el acreedor. ¿Por qué debe usted comparar? Una diferencia
de sólo unos pocos puntos en el porcentaje, al financiar un auto
pudiera ahorrarle a usted cientos de dólares.

Big Wheel Auto   Alice Green

ANNUAL PERCENTAGE RATE The cost of your credit as a yearly rate	FINANCE CHARGE The dollar amount the credit will cost you.	Amount Financed The amount of credit provided to you or on your behalf	Total of Payments The amount you will have paid after you have made all payments as scheduled	Total Sale Price The total cost of your purchase on credit, including your downpayment of $ _1500 –_
14.84 %	$1496.80	$6107.50	$7604.30	$9129.30

You have the right to receive at this time an itemization of the Amount Financed
☐ I want an itemization.   ☒ I do not want an itemization.

Your payment schedule will be:

Number of Payments	Amount of Payments	When Payments Are Due
36	$211.23	Monthly beginning 6-1-90

Insurance
Credit life insurance and credit disability insurance are not required to obtain credit, and will not be provided unless you sign and agree to pay the additional cost.

Type	Premium	Signature	
Credit Life	$120 –	I want credit life insurance.	_alice Green_ Signature
Credit Disability		I want credit disability insurance	Signature
Credit Life and Disability		I want credit life and disability insurance.	Signature

Security: You are giving a security interest in:
☒ the goods being purchased.
☐ _____.

Filing fees $ _12.50_   Non-filing insurance $ _____

Late Charge: If a payment is late, you will be charged $10.

Prepayment: If you pay off early, you
☐ may   ☐ will not   have to pay a penalty.
☒ may   ☐ will not   be entitled to a refund of part of the finance charge.

See your contract documents for any additional information about nonpayment, default, any required repayment in full before the scheduled date, and prepayment refunds and penalties.

I have received a copy of this statement.
alice Green   _5-1-90_
Signature   Date

e means an estimate

Un contrato de venta a crédito debe estar escrito en lenguaje común y corriente, y debe claramente revelar los costos que hay en la negociación.

Si usted quiere obtener una copia de "La Ley de verdad en los préstamos", y todas las regulaciones promulgadas para hacerla valer, escriba a The Board of Governors of the Federal Reserve System, Washington D.C. 20551, y pida "Regulation Z, Truth in Lending" (Regulación Z, La verdad en los préstamos).

¿Son las mujeres diferentes?
"No. La igualdad en el crédito existe, de acuerdo con la ley".

Querido Sr. Alderman:
Soy una mujer de 26 años, recientemente divorciada. He estado empleada durante los últimos cinco años como gerente de una pequeña compañía de productos horneados y gano un buen salario. Hace poco fui a mi banco a pedir prestado algún dinero para mejoras en el hogar. El banco rehusó darme el préstamo y me dijo que temían que una mujer soltera, con dos niños, pudiera casarse, irse de la ciudad y no pagar el préstamo. Aunque les aseguré que eso no pasaría, ellos insistieron en que obtuviera alguien que firmara junto conmigo. Esto no me parece justo. Sé que uno de mis empleados que gana menos que yo, acaba de obtener un préstamo en ese banco. ¿Pueden ellos hacer esto?

Es muy difícil decirle si se ha discriminado ilegalmente en contra suya, basado en su corta carta. Hay una ley, sin embargo, que protege a las personas contra la discriminación en cuanto al crédito. Si después de leer esto, usted cree que ha sido objeto de discriminación, le animo a que se ponga en contacto con la oficina federal apropiada y presente una queja.

Debido a la importancia del crédito, en la sociedad de hoy, el Congreso ha promulgado la "Ley de igualdad de oportunidad en el crédito". *Esta ley prohibe la discriminación en contra de un solicitante de crédito, con base a sexo, estado civil, raza, color, religión, origen nacional o edad.* La ley no asegura que se le dará crédito a todos, pero requiere que la misma norma para determinar el valor de las personas para recibir crédito, se aplique a todos los solicitantes.

De acuerdo con la ley de igualdad de oportunidades de crédito, un acreedor no puede rehusarle crédito a usted porque usted es una mujer o está soltera. Para protegerle de esa discriminación la ley específicamente limita lo que un acreedor puede hacer cuando usted le solicita crédito:

- Un acreedor *no puede* preguntarle el sexo en una solicitud de crédito, con una excepción. Si usted solicita un préstamo para comprar o fabricar una casa, al acreedor se le requiere que pregunte su sexo para proveer al gobierno federal con información para seguir de cerca y vigilar el cumplimiento de la ley. Usted no tiene que contestar la pregunta.
- Usted *no tiene* que escoger un título (señorita, señora) en un formulario de crédito.
- Un acreedor *no puede* solicitar cuál es su estado civil en una solicitud de una cuenta individual, no asegurada (por ejemplo, una tarjeta de crédito, o una cuenta corriente con derecho a sobregiro), a menos que usted viva en un estado de propiedad comunitaria (Texas es un estado de propiedad comunitaria) o dependa de propiedades que están en un estado de propiedad comunitaria, para apoyar su solicitud.
- Un acreedor *puede* solicitar su estado civil en todos los otros casos. Pero, a usted sólo se le puede preguntar si es casado, no casado, o separado (no casado incluye soltero, divorciado o viudo).

Para asegurar que a usted se le trate justamente, una vez que haga una solicitud, hay ciertas cosas que el acreedor no puede hacer para decidir si usted se merece o no el crédito.

Específicamente, el acreedor:

- *No puede* rehusar considerar sus ingresos, porque usted es una mujer casada, aunque ese ingreso suyo sea de un empleo de tiempo parcial.
- *No puede* preguntarle sobre sus prácticas de control de nacimiento ni si piensa tener hijos. Un acreedor no puede suponer que usted tendrá hijos o que sus ingresos se interrumpirán debido a eso.
- *No puede* rehusar considerar los pagos por sustento, manutención de los hijos, o pagos hechos debido a la separación. Sin embargo, usted no tiene que revelar ese ingreso, a menos que usted lo quiera hacer para mejorar sus posibilidades de obtener crédito.
- *No puede* considerar que usted tiene un teléfono a nombre propio, porque esto discriminaría contra las mujeres casadas.
- *No puede* considerar su sexo, como un factor, al decidir si es usted o no un buen riesgo para crédito.
- *No puede* usar su estado civil para discriminar en contra suya.

Pero hay algunas preguntas, que se relacionan entre sí, que se permiten. Para determinar sus gastos, un acreedor puede preguntar cuántos hijos tiene, sus edades, y el costo de cuidarlos (incluyendo su obligación de pagar alimentos, mantenimiento de los hijos, o sostenimiento del hogar). Un acreedor puede preguntar, con qué regularidad usted recibe los pagos de alimentos y si se hacen bajo una orden judicial, con el propósito de determinar si esos pagos son una fuente de ingresos en la que se puede depender. También se le puede preguntar si usted tiene un teléfono en casa.

Finalmente, un acreedor en Texas *puede* considerar su estado civil, de acuerdo con las leyes del estado, porque puede haber diferencias en los derechos de propiedad de personas casadas o no casadas. Dichas diferencias, pudieran afectar la capacidad o posibilidades que tiene el acreedor de cobrar si usted no paga.

La ley dice que una mujer tiene el derecho a su propio crédito si ella es merecedora de crédito. El acreedor no puede andar con rodeos en cuanto a su solicitud, y le debe informar por qué se le ha negado el crédito. Si no se le da una explicación, usted tiene el derecho de pedir que se le digan las razones específicas para la negativa.

Si se le ha negado el crédito, entérese por qué. Si ha sido discriminada, la ley le permite a usted el resarcimiento de los daños ocurridos más una penalidad. La siguientes oficinas o agencias oficiales están disponibles para ayudarle si usted ha sido víctima de discriminación en cuanto a crédito.

Agencias u Oficinas Federales que hacen valer la ley

Tiendas al detalle, tiendas por departamentos, compañías de finanzas al consumidor, todos los otros acreedores, y todos los que emiten tarjetas de crédito, sin ser bancos.

Federal Trade Commission, Equal Credit Opportunity, Pennsylvania Avenue at Six St. NW, Washington, DC 20580, (202) 326-3175.
Regional office: Federal Trade Commission, 100 North Central Expressway, Suite 500, Dallas, TX 75201, (214) 767-5501 (call 8 a.m.-noon, Mon.-Fri).

Bancos nacionales
Comptroller of the Currency, Administrator of National Banks, Washington, DC 20219, attn: Consumer Affairs Division, (202) 447-1810.

Bancos estatales miembros
Federal Reserve Bank, 400 S. Akard, Station D, Dallas, TX 75222.
Branch banks: Federal Reserve Bank, 1701 San Jacinto, Houston, TX
   77002, (713) 659-4433; and Federal Reserve Branch Bank, 126 E.
   Nueva, P. O. Box 1471, San Antonio, TX 78295, (512) 224-2141.

Bancos asegurados, no miembros
Federal Deposit Insurance Corporation, 550 17th St. NW, Washing-
   ton, DC 20429, (202) 393-8400.
Regional office: Federal Deposit Insurance Corporation, 1910 Pacific
   Ave., Dallas, TX 75201, (214) 220-3342.

*Instituciones de ahorros, aseguradas por la FSLIC y miembros del
sistema FHLB (exceptuando los bancos de ahorros asegurador por la
FSLIC*
Office of Thrift Supervision, 1700 G St. NW, Washington, DC 20552.
   (202) 906-6000.
District office: Federal Home Loan Bank of Dallas, 500 E. John
   Carpenter Freeway, Irving, TX 75062; P. O. Box 619026, Dallas-
   Fort Worth, TX 75261-9026, (214) 541-8500.

*Acreedores que están dentro de la ley de Empaquetadores y corrales de
ganado.*
Office of the Administrator, Packers and Stockyards Administration,
   Department of Agriculture, Washington, DX 20250-2800, (202)
   447-7051.

Compañías de inversiones de negocios pequeños.
U.S. Small Business Administration, 1441 L St. NW, Washington,
   DC 20416, (202) 653-6565.
Hotline number to ask questions: 1-800-368-5855.
Regional office: U.S. Small Business Administration, 8625 King
   George Drive, Building G. Dallas, TX 75235-3391, (214) 767-7643.
Field offices:
1100 Commerce St., Dallas, TX 75242, (214) 767-0605;
Fritz G. Lanham Building, Room 10A27, 819 Taylor, Fort Worth, TX
   76102, (817) 334-3613 (score office);
2525 Murworth St., Suite 112, Houston, TX 77054, (713) 660-4401;
1611 10th St., Suite 200, Lubbock, TX 79401, (806) 743-7462;
10737 Gateway West, Suite 320, El Paso, TX 79935, (915) 541-7586;
222 E. Van Buren St., Suite 500, Harlingen, TX 78550, (512) 427–
8533; 400 Mann, Suite 403, P. O. Box 9253, Corpus Christi, TX78468,
   (512) 888-3301;

North Star Executive Center, 7400 Blanco, Suite 200, San Antonio, TX 78216-4300, (512) 229-4535;
Federal Building, Room 520, 300 E. 8th St., Austin, TX 78701, (512) 482-5288;

Corredores y concesionarios
Securities and Exchange Commission, 450 Fifth St., NW, Washington, DC 20549, (202) 272-3100.
Regional office: Securities and Exchange Commission, 411 W. 7th St, 8th Floor, Fort Worth, TX 76102, (817) 334-3821.

Bancos Federales de tierras, Asociaciones de Bancos Federales de tierras, Bancos Federales de Crédito Intermedio, y Asociaciones de Producción y Crédito.
Farm Credit Administration, 1501 Farm Credit Drive, McLean, VA 22102-5090, (703) 883-4000.

¿Qué sucede cuando cumpla 65 años?
"No se preocupe".

Querido señor Alderman:
Tengo 64 años, me siento joven y no tengo intenciones de retirarme. Espero permanecer en mi presente empleo por lo menos otros diez años. Lo que me preocupa, es que se me dificultará obtener crédito, ahora que me acerco, a lo que muchos consideran edad de retiro. He escuchado que algunas compañías le cancelarán sus tarjetas de crédito si descubren que usted ha cumplido los 65 años. ¿Es legal eso? No debiera serlo. Yo soy tan responsable financieramente, como siempre lo fui.

La misma ley que protege a la señora que escribió la carta anterior de discriminación por el sexo, le protege a usted por la edad. *La ley de igualdad de oportunidad en el crédito* considera ilegal discriminar a un solicitante de crédito basado en su edad. La ley no prohibe que el acreedor considere su edad, ni garantiza tampoco que usted va a obtener crédito. Simplemente le prohibe a un acreedor que use la edad como base arbitraria para negar o rebajar el crédito, si usted, de otra manera, llena los requisitos.

En su caso, el acreedor no puede arbitrariamente, cancelar sus tarjetas de crédito, simplemente porque usted cumplió 65 años. Esto sería una violación de la ley de igualdad de oportunidad en el crédito. Sin embargo, si usted se retira, a los 65 años, y sus ingresos disminuyen en forma substancial, este hecho, puede constituir una base suficiente para que el acreedor le niegue o limite el crédito. *La ley claramente establece que no se requiere que usted vuelva a solicitar crédito, o cambiar los términos de su cuenta, o cerrar la cuenta simplemente porque haya llegado a cierta edad.*

Deseo, poner énfasis, sin embargo, que la edad, puede ser un factor en cuanto a extensión de crédito. Por ejemplo, si usted tiene 62 años y solicita una hipoteca de 30 años en una casa, el banco, puede considerar el hecho, que su ingreso como retirado puede ser menor que al presente, y que su potencialidad de adquirir ingresos va a ser menor. Si se le niega un préstamo, basado en esas consideraciones, el acreedor no estaría violando la ley.

Por lo tanto, ¿cómo determina usted por qué se le negó el crédito? De acuerdo con la ley un acreedor debe notificarle, dentro de treinta días, la acción que haya tomado y darle a usted razones específicas para la negativa, o decirle cómo puede obtener una explicación. Usted tiene el mismo derecho si el acreedor le cierra la cuenta. Si después de recibir la información, usted cree que la verdadera razón fue discriminación por edad, usted tiene el derecho de demandar individualmente por daños y perjuicios, o usted puede buscar la ayuda de una oficina o agencia federal. Hay numerosas oficinas federales que surpervisan y vigilan la ley de igualdad de oportunidades en el crédito cuya lista se dio anteriormente en este capítulo.

¿Qué se puede decir de esos servicios de reparación del crédito? "Tenga cuidado".

Querido Señor Alderman:
Recientemente vi un anuncio de un servicio de "reparación de crédito", que me garantiza que me arreglará mi mal crédito. Los llamé y quieren 500 dólares. Mi crédito está tan malo que parece que vale la pena que me lo arreglen. Yo quiero asegurarme que todo esto es legal. ¿Lo es?

Basado en lo que usted dice, pudiera no serlo. Debido a una reciente avalancha de quejas contra compañías que ofrecen "arreglar" el crédito, la Legislatura de Texas ha promulgado una ley para tratar de limitar el abuso. La nueva ley no permite que haya pagos por adelantado, a menos, que la compañía haya dado una fianza. Si ha puesto la fianza, le debe dar información sobre esa fianza. A los servicios de reparación de crédito no se les permite cobrar por obtenerle a usted crédito que está disponible para el público en general, o presentarle en forma falsa lo que ellos pueden hacer. La compañía tiene que tener lista una copia de su declaración de registro, con una lista de cualquier litigio o quejas no resueltas en contra de ella. Si usted firma un contrato de servicios con ella, usted puede cancelar ese contrato, dentro de tres días de firmado y obtener la devolución de su dinero. Finalmente, cualquier violación de la ley de organización de los servicios de crédito, también es una violación de Ley contra prácticas engañosas en el comercio.

Lo esencial: La Ley para un justo reporte de crédito, de que se trata en las páginas 1 y 3, le da a usted el derecho de requerir que su expediente de crédito esté correcto. No hay forma de remover información correcta, aunque negativa, de su expediente. En mi opinión, todo lo que puede hacer un servicio de reparación de crédito, usted probablemente lo puede hacer por su cuenta, por mucho menos dinero.

¿Me pueden cobrar más si uso una tarjeta de crédito? "No de acuerdo con las leyes de Texas".

Querido Señor Alderman:
El otro día fui de compras en busca de un nuevo horno de micro-ondas para mi esposa. Encontré uno que me gustó, pero cuando fui a pagar, la tienda me dijo que tendría que pagar un cinco por ciento de recargo si pagaba con una tarjeta de crédito. El gerente me dijo, que como la compañía de la tarjeta de crédito le cargaba un recargo, él simplemente me estaba pasando a mí ese recargo. Como él me explicó, él sólo obtiene el noventa y cinco por ciento de la compañía de tarjeta de crédito, por eso, me tenía que cobrar más para obtener la misma ganancia. Yo le pagué el 5% extra, pero no creo que eso sea justo. La tienda hace publicidad en el sentido que acepta tarjetas de crédito y no me parece justo, tener que pagar más. ¿Es esto legal?

En términos simples... ¡No! La ley de Texas dice que un comerciante no le puede cargar a un cliente más porque éste use una tarjeta de crédito en vez de efectivo. Desde luego la ley no requiere que el comerciante tome tarjetas de crédito, pero una vez que lo haga, no le puede cargar más. Le sugiero que le haga saber a la tienda que no tiene el derecho de cobrarle el extra cinco por ciento y si no le dan un reintegro, llévelos a la corte de reclamaciones menores. En mi opinión, cargar esa cantidad extra en forma ilegal, también viola la ley contra prácticas comerciales engañosas, lo que pudiera darle derecho a recibir tres veces la cantidad extra de dinero que usted pagó. Usted también pudiera hacerle saber sobre esta práctica a la oficina del Fiscal General del estado.

Si los recargos por compras a crédito son ilegales, ¿cómo puede una tienda dar descuento por pagos en efectivo? "No es lo mismo".

Querido Señor Alderman:
No entiendo. Le oí en televisión y dijo que en Texas era ilegal cobrar extra por el uso de una tarjeta de crédito. Al siguiente día fui a una estación de gasolina y tiene dos precios, uno por efectivo y otro por crédito. El precio a crédito es mayor. ¿No es eso ilegal? ¿Qué puedo hacer sobre esto?

Sé que esto es confuso, pero cobrar más por crédito es ilegal, mientras dar un descuento por efectivo, no lo es. Déjeme darle un ejemplo. Suponga que una tienda vende un televisor con un precio de lista de $100. Si le cobra a usted $105, cuando usa una tarjeta de crédito, esto pudiera ser ilegal. Pero si usted paga en efectivo, y sólo tiene que pagar $95, este descuento parece legal y lógico. He aquí por qué, cuando usted paga con una tarjeta de crédito, la compañía dueña de la tarjeta de crédito no le da al comerciante el cien por ciento de lo cargado. Se descuenta la cantidad que le paga al comerciante. Por ejemplo, "La compañía de la tarjeta de crédito puede que sólo le dé al comerciante 95 o 96 centavos por cada dólar que usted cargó. *En otras palabras el comerciante paga por el crédito cuando usted usa una tarjeta de crédito.* Al darle a usted un descuento por pagar en efectivo, el comerciante simplemente está reconociendo que él ahorra dinero cuando usted paga en efectivo, y le pasa esos ahorros a usted. Esto es lo que la compañía está haciendo.

Como el comerciante no sabe quién va a pagar en efectivo, y quién no, el precio de cada artículo, incluye el costo del crédito. (La cantidad que la compañía de la tarjeta de crédito deduce). Si el comerciante no le da a usted un descuento por el efectivo, en realidad, le está cobrando a usted, por un crédito que usted no está usando. En mi opinión, cada comerciante debe tener dos precios: uno en efectivo, y otro a crédito. Si no lo hace los clientes que pagan en efectivo, en efecto, están subsidiando al pagar más, a los que usan el crédito. (Desde luego, lo importante, es que ya sea que pague en efectivo o a crédito, siempre se debe buscar el mejor precio).

La compañía de tarjeta de crédito, no me dijo lo alto que sería la tarifa de intereses. ¿Es eso legal? "No, ya no lo es".

Querido Señor Alderman:
No hace mucho tiempo, recibí una elegante y hábil oferta en el correo de una nueva tarjeta de crédito. Me garantizaba una alta línea de crédito, sin cuota anual. Me pareció que era demasiado bueno para no aceptarla, y por eso firmé. El primer mes pagué la mitad de la cuenta, esperando pagar la otra mitad con los intereses, desde luego, al mes siguiente. No podía creer cuando llegó la cuenta. Me cargaba un 24 por ciento de intereses. ¿Es eso legal? ¿Cómo nunca se me dijo que a cambio de no pagar cuota anual, iba a tener que pagar esa ridícula tasa de interés?

La buena noticia es que lo que le pasó a usted, no pasará de nuevo. La mala noticia es que probablemente usted tiene que aceptar esa alta tasa de interés. El mejor consejo que le puedo dar, "es que corte esa tarjeta de crédito, y busque en el mercado, otra nueva.

Dentro de los términos de una nueva ley que empezó a regir en agosto de 1989, los bancos y tiendas por departamentos tienen que revelar los puntos claves financieros de sus tarjetas de crédito en todas sus solicitudes de clientela. Esto le permite a usted, el consumidor, buscar la mejor tasa, en vez de ser engañado y aceptar una tasa más alta por una promoción muy hábil. La Ley de justo crédito y revelación de detalles de tarjetas de crédito de 1988 enmienda la ley federal y se aplica a tarjetas de banco, tarjetas de tiendas por departamentos, y otras tarjetas de crédito, como American Express, Diner's Club. La ley requiere que la correspondencia en que se solicitan clientes, haga público términos financieros claves, y que en forma clara y conspicua se revelen términos financieros claves como, tasas de intereses, cuotas, períodos de gracias, cargos financieros mínimos, cargos por operaciones de compras, y los métodos de computación de balances. "Usted debe también recibir esta información cuando se vaya a renovar su cuenta por otro año. El único momento en que la ley no se aplica es cuando la solicitud se hace por medio de un anuncio en una revista, periódico, catálogo o solicitudes a llevar, que se exhiban en una tienda o restaurante.

Esta nueva ley está hecha para permitirle que usted busque la mejor tasa cuando vaya a obtener una tarjeta de crédito. Usted se sorprenderá de cuánto dinero puede ahorrar al obtener una tarjeta de crédito con sólo el 16 % de interés en vez del 24% de interés. ¿Cómo

puede usted enterarse dónde están las mejores tasas? Lea los anuncios cuidadosamente, o póngase en contacto con Bancard Holders of
America, 560 Herndon Parkway, Suite 120, Herndon, Virginia, 22070
y pídale una lista de las tarjetas de costo más bajo.

CAPITULO DOS

Bancarrota o Quiebra

Es difícil tomar un periódico en estos días, sin leer que alguna persona o compañía, ha presentado quiebra. Desde que se promulgó la nueva ley de bancarrota en 1978, las quiebras han florecido.

La quiebra o bancarrota es una de las áreas de la ley menos conocida. Para algunos la bancarrota quiere decir falla. "Tire la toalla y trate otra cosa". Pero, bajo la protección de lo que se conoce como el Capítulo 11 ó el Capítulo 13, la bancarrota le permite continuar en su negocio en vez de cerrarlo. Tal como ha sucedido con la Aerolínea Continental, la bancarrota no tiene ningún efecto externo en la manera que la compañía conduce su negocio. En realidad, muchos negocios, tienen aún más éxito, después de irse en bancarrota.

Como la bancarrota es tan complicada, yo sólo voy a comenzar, a cubrir el asunto. Las preguntas seleccionadas, sin embargo, nos pueden proporcionar un entendimiento básico de los tipos de bancarrota, y el efecto que puede tener en usted.

¿Qué es bancarrota?
"Hay dos tipos".

Querido Señor Alderman:
Acabo de leer que la compañía que iba a remodelar mi casa, presentó bancarrota. Ayer, ellos vinieron para hacer el trabajo. Les dije que no quería que una compañía quebrada trabajara en mi casa y ellos me dijeron que tenían un contrato. Lo que no entiendo es cómo estas compañías siguen funcionando, cuando han presentado bancarrota. Siempre creí que cuando usted presenta la bancarrota, usted tiene que venderlo todo. ¿Estoy equivocado? ¿Cómo un negocio, puede presentar bancarrota y seguir operando?

Usted no está completamente equivocado, porque hay dos tipos diferentes de bancarrota. De acuerdo con el Código de Bancarrotas, un negocio o una persona, puede presentar la bancarrota para liquidar sus bienes, pagarle a los acreedores y comenzar de nuevo, o puede, usar lo establecido en el código, para reorganizar sus asuntos financieros, de tal manera, que puedan seguir en el negocio y tratar de pagar sus deudas. En el primer tipo de bancarrota, conocida, como del Capítulo 7 una compañía usualmente se va del negocio. Esto es lo que la mayoría de las personas, piensan, cuando escuchan la palabra "bancarrota". Pero en el segundo tipo, conocida, bancarrota del Capítulo 11 para una compañía o del Capítulo 13, para un individuo el negocio continua operando. La mayoría de las bancarrotas a las que se le ha dado publicidad últimamente, han sido del Capítulo 11, que es un procedimiento hecho para darle a la compañía tiempo para pagar a sus acreedores y comenzar de nuevo. Por ejemplo las Aerolíneas Continental y Braniff, presentaron su petición de acuerdo con el Capítulo 11.

¿Qué sucede cuando alguien, o algún negocio, presenta bancarrota? Primero, la bancarrota está controlada por una ley federal, y todas las bancarrotas se presentan en una corte federal especial. Cuando un deudor (que es lo que se le llama al individuo o compañía que presenta la quiebra), presenta una bancarrota del Capítulo 7, acuerda, entregar todos los "bienes no exceptuados" a cambio de una liberación de deudas. En Texas, esto quiere decir que la persona entrega todo, menos su casa y como unos $30,000 en propiedades, a cambio de ser liberado de sus deudas. (Para enterarse más sobre excepciones, vaya a la página 53). Los acreedores se reparten entre sí, lo que hay en dinero. Todos los acreedores deben parar sus esfuerzos de cobro, y en la mayoría de los casos el dinero se prorratea, basado en el monto de la deuda. *Después, de la Bancarrota del Capítulo 7, el deudor, usualmente, no le debe dinero a nadie.* Desde luego que si usted tiene embargos o gravámenes en su propiedad, por ejemplo, su casa, usted tendrá que seguir pagando o perderá la casa. Y algunas deudas, primariamente los impuestos, se deben aún después de la bancarrota.

Cuando una corporación presenta la bancarrota del Capítulo VII, usualmente lo entrega todo y se va del negocio. Los acreedores se reparten lo que queda y ahí termina todo. La corporación deja de existir, y las deudas se consideran satisfechas.

Pero, de acuerdo, con el otro tipo de bancarrota, una compañía, (o individuo) puede usar la corte de bancarrotas, para obtener tiempo para reorganizar sus asuntos y tratar de resolver los problemas. Hay dos procedimientos de bancarrota que le permiten hacerlo. El del Capítulo 11 y el del Capítulo 13. Son muy similares. De acuerdo, con cualquiera de ellos, una vez que el deudor presenta la quiebra, todos los acreedores tienen que parar sus cobros y esperar a que el deudor proponga un plan de pagos a todos. Básicamente, lo que pasa, es que la corte de bancarrota, le da al deudor, protección contra acreedores ansiosos, mientras el deudor trata de organizarse para pagar. La principal diferencia entre los Capítulos 11 y 13 es que el Capítulo 11 es para todos, corporaciones e individuos, mientras que el Capítulo 13 es solamente para personas con un ingreso regular. Al Capítulo 13 se le llama a veces el procedimiento del que gana un salario. La del Capítulo 13 es el tipo de bancarrota, que usted ve en los anuncios de periódico con titulares como "Pare el acoso de los acreedores... Pida la protección, de acuerdo con las leyes federales de bancarrota".

Para regresar a su pregunta: Si la compañía todavía está haciendo negocios debe haber presentado la bancarrota, bajo el Capítulo 11, o si se trata de un propietario individual, bajo el Capítulo 13. Esto quiere decir que la compañía tiene el derecho de continuar haciendo negocios, en realidad, su contrato, todavía se puede hacer valer. Le sugiero que les permita terminar su trabajo. Si usted confió en la compañía antes, no hay razones para que deje de confiar en ella ahora.

La bancarrota ha tomado un nuevo significado, últimamente. Con la ayuda del Código de bancarrotas, los deudores, pueden ganar un valioso tiempo, para tratar de remediar sus asuntos financieros. Pero las leyes de bancarrota, son muy complicadas, y algunos abogados se especializan, solamente en bancarrotas. *Si usted está considerando, la bancarrota, consulte a un especialista. Busque un abogado, que esté certificado por la junta de especializaciones, en bancarrotas del consumidor.*

¿Qué pasa cuando presento la bancarrota?
"Eso depende...."

Querido Señor Alderman:

Realmente, no puedo creer, que le estoy escribiendo esta carta, pero necesito su consejo. Por 20 años, he sido un ciudadano, que trabaja fuertemente y nunca, he estado, no siquiera, tarde en mis pagos. Tengo una casa, con una hipoteca, desde luego, y dos autos. Mi esposa y mis dos hijos tienen la mayoría de las cosas que necesitan. Pero ahora, estoy de repente en problemas.

Hace como seis meses, mi empleador, me dijo que tenía que aceptar, una rebaja substancial, en mi salario, o de lo contrario me dejaría cesante. Cualquier empleo, es mejor que ninguno, por lo que acordé trabajar por menos. La siguiente semana, descubrí que mi esposa necesitaba cirugía. Las cuentas ya suben a $13,000.00

y mi seguro solamente cubre una parte muy pequeña. Estoy
atrasado en todas mis otras cuentas, y las compañías de tarjetas
de crédito, ya empiezan a molestarme.
Quisiera pagar lo que debo, pero no veo de qué manera. Todo el
mundo quiere que le pague al mismo tiempo. Nunca creí que la
bancarrota era algo correcto, pero ahora parece que es lo único que
me queda. ¿Qué pasaría si presento la bancarrota?

Primero, como le señalé, al de la carta anterior a esta, usted debe
saber que hay dos tipos de bancarrota. En su caso, de un individuo,
con un ingreso contínuo, las opciones son la del Capítulo 7 o la del
Capítulo 13. Le diré sobre cada una de ellas por orden.
Si usted presenta la bancarrota, bajo el Capítulo 7, todos los
acreedores suyos tienen que parar los esfuerzos para cobrar; usted
pierde toda la propiedad no exceptuada, y debe empezar de nuevo,
usualmente sin que le deba a nadie un centavo. El propósito del
Capítulo 7 es liberarlo a usted de deudas para que pueda comenzar de
nuevo. A cambio de quedar libre de deudas, usted tiene que entregar
todos sus bienes no exceptuados. En Texas, esto quiere decir que
usted puede conservar su casa y hasta $30,000 en propiedad personal.
Si tiene algo más, eso va a los acreedores.
Después que usted presenta la bancarrota, sus acreedores comparten, el dinero que haya. Después que la bancarrota ha terminado, sus
acreedores, no pueden intentar cobrarle más nada a usted. La única
excepción importante a esto, será la del banco o compañía financiera
que le prestó el dinero para comprar la casa y el auto. Como ellos tiene
un gravamen en su propiedad usted tiene que entregárselas, para
pagar el gravamen, o acordar seguir los pagos después de la bancarrota. Otra excepción es el dinero que debe por impuestos o alimentos.
Estas deudas hay que pagarlas aun después de una bancarrota.
Una bancarrota del Capítulo 7 es un asunto serio y se debe tratar el
caso con un abogado. Si usted cree que está tan endeudado que la
única manera de seguir funcionando de nuevo, es eliminar todas las
cuentas, el Capítulo 7 puede ser lo que usted necesita.
Pero si usted cree que lo que necesita, es un poco más de tiempo,
para arreglar las cosas con sus acreedores, usted debe considerar el
procedimiento del Capítulo 13. En términos sencillos, el Capítulo 13,
es un plan de pagos supervisado por la corte, donde todos los acreedores, tienen que dejarlo tranquilo y permitirle que les pague durante
un período de tiempo más largo, usualmente tres años. *El primer*
beneficio que usted tiene de presentar bajo el Capítulo 13, es que todos
los acreedores, deben inmediatamente parar sus cobros. Todas las

llamadas de acoso, las cartas, hasta las demandas judiciales deben parar, y todo va a la corte de bancarrotas, para buscar una solución. Después que usted presenta bajo el Capítulo 13, el siguiente paso, es presentar un plan para pagarle a todo el mundo.

Usualmente, lo que usted trata de hacer es pagarle a sus acreedores menos de lo que les está pagando ahora, pero sobre un período de tiempo mayor. *Usted debe considerar el Capítulo 13, solamente, si usted piensa, que lo que necesita es un período adicional de tiempo, donde usted podrá obtener suficiente dinero para pagarle a todo el mundo.* Si usted sabe, que ni aún, con tres años extras, usted podrá pagarle a todo el mundo, debido a que debe mucho, use entonces el Capítulo 7 y no el 13.

Para presentar la bancarrota usted necesita la ayuda de un abogado. Hable con él o ella antes de presentarla, y asegúrese de considerar todas las opciones.

Otra cosa más: Hay organizaciones que ayudan a los consumidores a reestructurar sus deudas sin necesidad de ir a la bancarrota. Estos grupos, usualmente son llamados *"Servicios de asesoramiento de crédito a consumidores"*, y uno de ellos, pudiera darle la ayuda que usted necesita.

He aquí una lista de oficinas de asesoramiento en crédito al consumidor, por todo el estado de Texas. Usualmente, no cobran por esa ayuda.

Consumer Credit Counseling Service of Houston and the Gulf Coast Area, Inc., 4203 Fannin, Houston, TX. 77004, (713) 520-0742.

Child and Family Services, CCCS Division, 2001 Chicon St., Austin, TX. 78722, (512) 478-1648.

Consumer Credit Counseling Center of South Texas, 1721 S. Brownlee Blvd., Corpus Christi, TX. 78404, (512) 882-1791 CCCS of Greater Dallas, Inc., 1949 Stemmons, Commerce Savings Building, Suite 200, Dallas, TX. 75207-3104.

CCCS of Fort Worth, 807 Texas St., Suite 100, Fort Worth, TX. 76102, (817) 334-0151.

CCCS of North Central Texas, Inc., 1006 W. University, P.O. Box 299, McKinney, TX 75059, (214) 542-0257. En Denton: 1124 N. Locust, Denton, TX 76205, (817) 382-0331; en Plano: 2817 Regal, Suite 109, Plano, TX. 75075, (214) 964-2022, en Sherman: 320 W. Travis, Suite 306, Sherman, TX 75090, (214) 892-6927.

CCCS of Greater San Antonio, Inc. 4203 Woodcock, Suite 251, San Antonio, TX 78228-1312, (512) 734-8112.

**¿Qué sucede cuando otra persona, presenta bancarrota?
"¡Usted pudiera no tener suerte!".**

Querido Señor Alderman:
Compré una casa por más de $70,000 de un constructor local. La
casa nunca fue terminada apropiadamente y he tenido problemas
desde el día en que me mudé a ella. Finalmente, esto me obligó a
emplear a un abogado, que presentó una demanda, de acuerdo con
la Ley de prácticas comerciales engañosas, del estado de Texas.
Ganamos. La corte me concedió $36,000, pero el constructor,
nunca pagó y ahora ha presentado bancarrota y se ha ido de los
negocios. ¿Qué sucederá después? ¿Obtendré yo alguna vez, mi
dinero? Después, me he enterado que él está haciendo negocios de
nuevo, usando un nombre diferente. ¿Puede él hacer esto?

Desafortunadamente, no tengo buenas noticias para usted. Si el
constructor presentó una bancarrota del Capítulo 7, se le liberó de
todas sus deudas, incluyendo el dinero que le debe a usted, y todo lo
que usted obtendrá será una parte a prorrata de sus bienes, no
exceptuados. Todo lo que esta jerga legal quiere decir es que el
constructor no le debe a usted nada y usted compartirá en el dinero
extra que él tenía cuando presentó la bancarrota.

Para asegurarse, que usted obtenga, lo que venga, usted tiene que
presentar una *prueba de reclamación* con la corte de bancarrota.
Como usted es uno de los acreedores del constructor (persona a quien
él le debe dinero), usted tiene que recibir noticias de la corte de dónde
y cómo presentar la reclamación. Una vez que usted haya presentado
esta simple nota en la corte de bancarrota, a usted se le incluirá en
cualquier arreglo y obtendrá cualquier dinero a que tenga derecho.
Pero, no espere recibir mucho. Como promedio, los acreedores, en
caso de bancarrota, reciben solamente unos centavos en cada dólar.
Debo decirle, que si usted no está en la lista de la corte, un hecho
improbable, debido a la cantidad que se le debe, usted no está
afectado, por la bancarrota.

Después que el constructor haya presentado la bancarrota, él tiene
el derecho de regresar a cualquier negocio que quiera, bajo el nombre
que desee. El propósito de la bancarrota, es liberarlo a uno de deudas
y permitirle empezar de nuevo. El constructor, ahora está libre de
deudas y puede comenzar de nuevo. Esta a lo mejor no es la forma en
que usted quiere que el sistema funcione, y a veces es injusto para
personas como usted, pero la bancarrota, cada vez, se está volviendo
la alternativa más popular para personas que tienen que salir de

deudas y no ven otra manera de hacerlo.

De su carta, parece, que el constructor presentó una bancarrota del Capítulo 7, el tipo de bancarrota diseñado para liquidar los bienes. Sin embargo, si el constructor presentó por el Capítulo 11 usted tiene una buena posibilidad de que le paguen, pero tiene que tener un abogado, que le ayude a cobrar.

¿Me liberará una bancarrota de mis préstamos de estudiante? "Probablemente, NO".

Querido Señor Alderman:
Recientemente, me gradué de College. Debo más de $25,000, en préstamos como estudiante, además de otras cuentas. Tengo problemas para mantenerme y estoy considerando presentar bancarrota. ¿Cómo afectará esto mis préstamos de estudiante?

Hasta fecha reciente, los préstamos de estudiantes, no eran liberados en bancarrota. Esto quiere decir que aunque usted presentara bancarrota, usted todavía iba a deber el dinero de los préstamos estudiantiles. La ley, sin embargo, ha sido cambiada. El Código de Bancarrota, ahora establece, que los préstamos de estudiante, no serán liberados, *a menos* que: El préstamo empiece a deberse y ser pagadero cinco anos antes de la presentación de la bancarrota; o que el requerir el pago le imponga una indebida dificultad o situación dura al deudor.

En otras palabras, de acuerdo con la ley, su deuda probablemente no resulte afectada, si tiene menos de cinco años. Por ejemplo, si usted tiene un préstamo estudiantil que acaba de vencer y ser pagadero, usted probablemente no presentará la bancarrota, porque aún después de presentarla seguirá debiendo la deuda. Pero si la deuda tiene más de 5 años de vencida, o es extraordinariamente grande en relación con sus ingresos, la bancarrota la eliminaría, como también eliminaría la mayoría de las otras deudas.

¿Puede un agricultor presentar bancarrota? "Sí, hay una ley especial".

Querido Señor Alderman:
Soy un agricultor pequeño, que como otros, tiene problemas económicos. El otro día oí que hay una ley especial de bancarrota para agricultores. ¿Es eso verdad? Y si lo es, ¿me puede decir algo sobre ella?

Debido a los problemas especiales que enfrentan los agricultores, el Congreso, recientemente promulgó una nueva regla de bancarrota, específicamente para ellos. La ley llamada Capítulo 12, puede ayudar a parar la liquidación de una finca y darle al agricultor más flexibilidad que nunca antes.

El Capítulo 12 es una sección especial de la Ley de Bancarrota para los "agricultores con familia". Este es el individuo con deudas de menos de $1.5 millones de dólares, y que el 80 por ciento de esa deuda y el 50 por ciento del ingreso le provienen de cultivar la tierra. Agricultores en sociedad regular colectiva, o que tiene una compañía anónima o por acciones también llenan los requisitos si los socios o propietarios forman una familia.

Si usted llena los requisitos como agricultor, de acuerdo con esta ley, usted puede presentar una petición que opera en forma de parar inmediatamente a sus acreedores, los que no pueden tomar ninguna acción. Esto es similar a lo que sucede con la del Capítulo 11, sin embargo, el Capítulo 12 da más latitud para determinar cómo se deben manejar las deudas.

Lo principal es que el Capítulo 12 le da a los agricultores la flexibilidad que necesitan para volver a arreglar el asunto de sus deudas y al mismo tiempo continuar haciendo negocios. Si usted tiene serios problemas financieros, le sugiero que hable con un abogado sobre presentar una bancarrota del Capítulo 12.

CAPITULO TRES

Bancos y Operaciones Bancarias

MUCHAS personas consideran los cheques lo mismo que dinero en efectivo. Cuando usted entra a una tienda y el empleado le pregunta, "¿Va a pagar o lo va cargar?" usted dice efectivo si va a pagar con un cheque.

Hoy casi todas las personas que gastan dinero tienen una cuenta corriente. Muchos de nosotros sabemos los beneficios de usar un cheque en lugar de usar efectivo. Usted lleva cuenta escrita de sus operaciones y si los cheques se pierden o se los roban, usted no va a sufrir esa pérdida tanto como si hubiera sido efectivo.

Los bancos manejan miles de millones de cheques cada año y transfieren grandes cantidades de dinero entre ellos. Para la mayoría de nosotros estas transferencias se hacen sin problemas y no tenemos necesidad de saber o usar nuestros derechos contra un banco. Pero tenemos considerables derechos y cuando algo va mal, usted verá, como es el banco el que tiene que pagar y no usted.

**Un ladrón ha estado usando mis cheques.
¿Tengo yo que pagar?
"No, únicamente que usted tenga la culpa".**

Querido Señor Alderman:
Hace dos semanas me robaron la cartera en el estacionamiento del supermercado. Yo inmediatamente lo reporté a la policía, después me fui a casa e hice una lista de todo lo que llevaba en la billetera. Yo me acorde que usted dijo que era importante notificárselo a todos lo antes posible, así que me puse en contacto con las compañías de mis tarjetas de crédito. También llamé al banco y me dijeron que fuera para cerrar mi cuenta y abrir una nueva.

26

Al día siguiente hice eso, y me dijeron que el ladrón había escrito, tres cheques a su favor y había firmado mi nombre, y los había cambiado por la mañana. El banco me dijo que yo era responsable de estos cheques porque la falsificación había sido tan bien hecha que no había forma de que ellos se dieran cuenta.
Esto no me parece correcto. Antes de ir a ver al presidente del banco, me gustaría saber lo que usted piensa. ¿Cuáles son mis derechos de acuerdo con la ley?

Por la ley, el banco generalmente no tiene por qué pagar cheques en los que su firma ha sido falsificada, y si lo hace debe de volver a acreditarse en su cuenta o ser responsable por los daños. Un banco sólo debe pagar los cheques que estén "correctos para que puedan pagarse" y los cheques con la firma falsificada no están correctos. En términos simples, un cheque que esté correcto para que sea pagado, tiene que cumplir las instrucciones señaladas por usted; usted no le dijo al banco que pagara ese cheque, el ladrón fue el que se los dijo.

Hay algunas excepciones a esta regla, pero ninguna de ellas parece que sea aplicable a su caso.

Por ejemplo: si su negligencia fue lo que hizo posible la falsificación. Digamos que usted por descuido dejó un sello o cuño con su firma en un lugar público, entonces el banco puede que no tenga que pagar.

También si usted tardó mucho en reportar la falsificación, y por esta razón el banco tiene una pérdida, usted no puede quejarse al banco.

Básicamente, la ley es justa: Un banco no puede tomar su dinero para pagar un cheque en que su firma ha sido falsificada. Su cuenta debe ser acreditada y es problema del banco el cargar con lo perdido o encontrar al ladrón para cobrarle.

Si su banco todavía se niega a devolverle el dinero, llévelos a la corte de pequeñas reclamaciones o vea un abogado.

P.D. Si usted pierde un cheque, repórtelo en seguida al banco. No hay necesidad de pagarle al banco por la orden de que no paguen ese cheque. Como ya le expliqué, ellos pierden si pagan.

**Mi cheque fue firmado por otra persona,
no por la que se lo dí.
¿Tengo que pagar?
"Probablemente no... usted tiene derecho a la
firma que usted pidió".**

Querido Señor Alderman:
Yo le debo a mi vecino $150.00 por una cerca que pusimos. Yo le dí un cheque y él lo puso en su escritorio. Cuando fue a cambiarlo

se dio cuenta que se lo habían robado. Mi vecino quiere ahora que yo le dé otro cheque y me preocupa qué pasará si el ladrón cobra o deposita mi cheque. ¿Cuáles son mis derechos según la ley si el ladrón falsifica el nombre de mi amigo y mi banco paga ese cheque?

Por ley el banco que paga un cheque con un endoso falsificado no tiene derecho a coger su dinero para cubrir ese cheque. Si lo hace, usted tiene derecho a exigir que se lo vuelvan a acreditar a su cuenta.

Por ejemplo: suponga que su cheque fue hecho a "Bob Neighbor". El ladrón, endosa el cheque "Bob Neighbor, a pagar a Thom Thief". El banco de él le acreditó el cheque y lo envió al banco suyo. Como su banco no tiene forma de saber que las firmas no son genuinas, probablemente pague el cheque y lo ponga como débito en su cuenta.

Cuando usted recibe su estado de cuenta usted descubre que el cheque tiene una firma falsa. Mientras tanto Thief, tomó el dinero y se fue.

De acuerdo con la ley una vez que usted le enseña al banco que el endoso es falso, deben de acreditárselo otra vez a su cuenta. El banco tiene derecho a reclamarle al otro banco el dinero y ese banco tratar de recobrarlo del ladrón.

Lo que usted tiene que hacer ahora es ponerse en contacto con su banco y preguntar si el cheque fue cobrado. Si ha sido pagado explique lo que pasó y pida que se lo acrediten a su cuenta. Ellos probablemente querrán que usted pruebe que su vecino no endosó el cheque y le pedirán que firme una declaración jurada a ese efecto.

Una vez que estén seguros que la firma es falsificada, probablemente se lo acrediten otra vez, a su cuenta. Si no lo hacen, usted tiene el derecho, de acuerdo con la ley, de exigir que lo hagan.

Si el cheque no ha sido pagado, el banco le va a pedir que ponga una orden de suspensión de pago. Esto asegurará que el cheque no se pague.

Respecto a su vecino, cuando usted reciba el dinero del banco otra vez, déle otro cheque. Su obligación de pagarle todavía existe.

Como dije en la respuesta anterior a ésta, un banco sólo puede coger dinero de su cuenta para pagar cheques que estén escritos correctamente.

Los cheques endosados falsamente no están correctos para el pago.

Cheques con endosos falsificados no están correctamente hechos para ser pagados y el banco no tiene el derecho de acuerdo con la ley para tomar su dinero y pagarlos.

¿Cómo paro el pago de un cheque?
"En Texas, tiene que ser por escrito".

Querido Señor Alderman:
Vuelvo a saludarlo. Yo soy la misma persona que le escribió referente a un cheque que le dí a mi vecino y se perdió o se lo robaron. Llamé al banco y me dijeron que tenía que parar el pago. Yo les dije que lo hicieran y me dijeron que tenía que ir al banco y hacerlo por escrito. También me dijeron que tenía que pagar por hacerlo.
Es esto por ley o es mi banco para hacer las cosas más difíciles. Usted sabe lo inconveniente que es tener que ir al banco a mitad del día.

La mayor parte de los casos el cliente puede parar el pago de los cheques por teléfono. Por la ley, en Texas una suspensión de pago por teléfono no es obligatoria para los bancos. Esto quiere decir que puede que el banco le permita a usted suspender pagos por teléfono, pero no tienen obligación de hacerlo. Como cosa práctica la mayoría de los bancos sólo permiten una suspensión de pago por escrito.

En cuanto a que su banco le haga pagar por esto, la respuesta es probablemente sí. Aunque un fiscal general en Michigan dijo que la suspensión de pago es parte de la obligación del banco con sus clientes y que no se les debe de cargar nada por hacerlo en Texas no hay regla como esta. *Yo le aconsejo que averigüe lo que cobran por suspensión de pagos cuando va a escoger su banco. El costo varía grandemente entre los bancos.*

La tienda me cargó $25.00 por un cheque que rebotó.
¿Es esto legal?
"Puede que no lo sea".

Querido Señor Alderman:
El otro día compré un disco compacto en la tienda de discos de mi localidad. Me costó $15.95. Pagué con un cheque. Desafortunadamente no cuadré mi chequera, como debo hacerlo y el cheque rebotó. La tienda me llamó y me dijo que les debía $15.95 y $25.00 por el hecho de que el cheque rebotó. Cuando fui a pagar me enseñaron un letrero que decía: "Todos los cheques que reboten pagarán $25.00". ¿Es esto legal? $25.00 es mucho dinero.

Basado en lo que usted me dice la tienda puede haber actuado fuera de la ley y haber violado la Ley de prácticas comerciales engañosas de Texas. De acuerdo con la ley la tienda le puede cargar $15.00 por el cheque que rebotó. Sólo puede ser más si lo que carga es razonable y se ha llegado a un acuerdo *por escrito.*

Por lo que usted me dice la tienda no tenía un acuerdo firmado con usted por lo tanto está limitado a $15.00. Por afirmar que tiene derecho a más está presentando falsamente sus derechos y probablemente violando la "Ley de prácticas comerciales engañosas de Texas".

Yo le sugiero que hable con la tienda y pida que le devuelvan sus $10.00. También si quiere puede reportarlos al fiscal de distrito o a la oficina del fiscal general.

Mi banco me cargó $20.00 por un cheque que rebotó. ¿Es esto legal?
No hay una ley específica que regule lo que se cobra por cargos de   servicios.

Querido Señor Alderman:

Yo sé que no es correcto el dar cheques con insuficientes fondos pero no todos somos contadores y a veces no hago el balance de mi chequera como debo. El otro día mi banco me mandó una nota que había rebotado uno de mis cheques por $19.00 que le había pagado a una tienda de la localidad.

Yo fui al banco, deposité el cheque de mi sueldo y pagué por el cheque que rebotó. Ahora el banco me carga $20.00 por el cheque de $19.00 que rebotó. Esto es una locura. ¿Tienen derecho a hacer esto?

No hay una ley específica que le diga a los bancos lo que pueden cargar por los servicios que ofrecen. El costo de los servicios que hace un banco, como las cuentas corrientes, órdenes de suspensión y cheques NSF (no suficientes fondos) se rigen por principios básicos de las leyes de contratos y por la Ley de prácticas comerciales engañosas.

El cobro de $20.00 es válido si usted voluntariamente estuvo de acuerdo con eso, a menos que el banco le haya engañado o el precio sea inmoderado. Un sobrecargo sería inmoderado si el total es mucho más que el valor que usted recibió.

Para muchos bancos lo que se paga por los cheques que rebotan representa una fuente substancial de ingresos y diferentes bancos cargan diferentes cantidades tan bajos como $5.00 o $7.00 y tan alto como $25.00 aunque esto no es usual.

En otros estados se han establecido demandas discutiendo el derecho que tiene un banco a cargar una tarifa tan alta, pero que yo sepa no hay ese tipo de demandas en Texas.

El mejor consejo que puedo darle es práctico, no legal. Busque en diferentes bancos el que sea más justo en cobrar por los servicios que ofrece y en el futuro trate de balancear su chequera.

CAPITULO CUATRO

Contratos

EN cierto sentido, no hay una cosa, que sea un "contrato". Usted no puede comprar uno, no puede sostener uno en sus manos. No puede recogerlo y tirarlo. Un contrato es simplemente un *término legal*, por una promesa, que la ley dará validez y hará cumplir. A veces, esa promesa se evidencia con un pedazo de papel, pero ese papel, no es el contrato, el *acuerdo* que se puede hacer cumplir legalmente, sí lo es. Cada acuerdo en el que usted participe legalmente, puede ser legalmente válido y se puede hacer valer o cumplir y puede convertirse en un contrato, no importa que sea oral o escrito. Por ejemplo, suponga que un niño de la vecindad, pasa por su casa y grita "Señora, ¿quiere usted que le corten el césped?". Una aprobación con la cabeza, puede resultar en "un contrato" y después que el finalice su tarea, usted tendrá que pagarle.

Usted puede ver, entonces, que su vida consiste en la celebración de un contrato después de otro. Cuando compra gasolina para su auto, mandados en la tienda, o lleva la ropa a la tintorería, usted está haciendo contratos. Un conocimiento básico sobre las leyes de contratos, pudiera ayudarle a usted, con sus problemas diarios. Como usted encontrará o se enterará, en las siguientes cartas, usted no necesita un lenguaje específico, y usted usualmente no necesita nada escrito para ser parte de un contrato que le obliga.

¿Debe un contrato ser formal?
"Solamente un acuerdo".

Querido Señor Alderman:
Soy dueño de una casa en el lago que tiene como 20 años de hecha. La cerca necesitaba reparaciones y mi vecino me dijo que él compartiría los costos si yo lograba que se reparara la cerca. Hablamos sobre esto, por un rato, y finalmente yo acordé mandar-la a arreglar y él acordó pagar la mitad. La cuenta subió a $350. Y ahora mi vecino rehusa pagar. El precio, creo, que es muy

razonable, pero mi vecino dice que no tenemos ningún tipo de arreglo formal, y que no hay nada que yo puedo hacer. ¿Es eso correcto?

La ley en contratos no es tan complicada como mucha gente piensa. Si usted acuerda hacer algo, a cambio de la promesa de alguien de hacer algo más, probablemente haya un acuerdo que se pueda hacer cumplir legalmente. Para ponerlo en términos simples, si usted tuvo la intención de obligarse legalmente, usted probablemente lo está.

En su caso, cada parte le hizo una promesa a la otra. Usted prometió arreglar la cerca y él prometió pagarle a usted la mitad del costo. Basado en su carta, parece que en el momento del acuerdo, ustedes dos, acordaron un contrato. Su acuerdo, probablemente, se puede hacer valer legalmente.

Las leyes de contratos, hace mucho tiempo, eliminaron las formalidades, antes que un acuerdo pudiera hacerse valer, en una corte de derecho. La corriente moderna es de hacer valer cualquier acuerdo, en el que las partes intentaron que fuera obligatorio. Usted no puede salirse de su obligación en un contrato simplemente diciendo "sé lo que dije anteriormente, pero no era realmente un contrato formal". Si su vecino no le paga el dinero que le debe, le sugiero que lo lleve a la corte de reclamaciones menores. A lo mejor el juez, puede convencerlo que ustedes fueron partes de un acuerdo que se puede hacer valer legalmente.

¿Qué pasa si ella no me da el regalo?
"No hay mucho que usted puede hacer sobre esto".

Querido Señor Alderman:
Por los últimos cinco años mi abuela ha estado enferma. Semanalmente he ido a su casa y le he ayudado con las tareas de la casa y le he ido a comprar los mandados. El mes pasado, ella me dijo, que apreciaba realmente todo lo que había hecho por ella, y que ella quería que se me diera el alfiler de diamantes de ella. Ayer fui a casa y le pregunté sobre el alfiler. Ella me dijo que había cambiado de opinión y que se lo había dado a mi hermana. Mi querida hermanita nunca ha hecho nada por su abuela. ¿Hay alguna manera, en que yo pueda hacer que mi abuela cumpla su promesa?
Postdata. Tengo una promesa por escrito que dice: "A cambio del amor y afecto que me ha demostrado mi nieta, Betsy, le prometí darle mi alfiler de diamante, antes de fin de año".

El hecho que usted tenga, una promesa escrita, no quiere decir, que usted pueda forzar a esa persona a cumplir lo prometido. *Como regla general, las promesas, de dar un regalo, no se pueden hacer valer legalmente.* Esto es debido a una doctrina legal llamada "consideration" en inglés y en español *"causa".*

En derecho, una promesa, sólo se puede hacer valer, si se da a cambio de algo. En el idioma legal, debe haber un *"quid pro quo"*, algo a cambio, algo por algo. Por ejemplo suponga, que yo prometí pagarle para que usted me pinte la casa. Lo que hemos hecho en realidad es un intercambio de promesas. Yo le prometo pagarle y usted a cambio promete pintar. Nos hemos dado mutuamente algo, por algo. Las promesas se pueden hacer valer y tenemos un contrato. El cambio, sin embargo, debe ser por algo en el futuro.

Si usted promete pagarle a alguien, por algo que ya sucedió, la promesa no se puede hacer valer. Es una promesa de hacer un regalo.

Por ejemplo si usted me pinta la casa, sin que yo se lo pida, y después de terminar yo le digo: "Hiciste un buen trabajo, te prometo pagarte, la semana que viene" la promesa no se podrá hacer valer legalmente, porque no se hizo a cambio de una actuación. Por cada promesa que se pueda hacer valer legalmente hay algo a cambio, un "quid pro quo", algo que se cambia por algo.

¿Qué significa todo esto para usted? Su abuela prometió hacerle un regalo, por lo que usted ya hizo en el pasado, y estas promesas no se pueden hacer valer en una corte legal. Aunque, su abuela pudiera estar moralmente obligada a darle a usted el alfiler, no hay una obligación que se pueda hacer valer legalmente. Las cosas serían diferentes, sin embargo, si su abuela hubiera dicho: "Si me ayudas con los mandados te daré el alfiler". En este caso, habría una promesa que se puede hacer valer legalmente, porque ella le estaba haciendo una promesa a cambio de la suya".

Lo esencial de esto es que no todas las promesas, aun las escritas, se pueden hacer cumplir legalmente. Si alguien le promete darle un regalo y no lo cumple, usualmente usted, no puede forzarlo a que pague o que lo haga.

Hay, sin embargo, una excepción a esto que usted debe saber. Si usted basándose en esa promesa, sufre una pérdida, usted pudiera forzar a esa persona a compensarle a usted esa pérdida. Por ejemplo, suponga que su abuela le dijo que le iba a dar $500 para comprar un abrigo, y usted basándose en esa promesa, hizo un depósito que no tiene devolución por $50. Si su abuela, cambia de opinión, usted no puede forzarla a que le pague $500, pero si pudiera cobrar los $50 que usted gastó basándose en su promesa.

¿Es un contrato válido, si yo no firmo?
Probablemente, eso no importa.

Querido Señor Alderman:
La entrada al garaje de mi casa, necesitaba reparación y llamé a
un contratista para arreglarlo. Hablamos sobre lo que él haría, y
me mandó un estimado de $1,500. Yo le llamé por teléfono y le dije
que fuera adelante y empezara el trabajo. Al día siguiente, cuando
llegó con sus obreros, le informé, que había cambiado de opinión,
y que lo iba a arreglar yo mismo. El se enojó mucho y me dijo que
iba a perder cien dólares, porque tenía que pagarle a los obreros
que habían venido. Yo le dije que lo sentía mucho, pero que eso no
era mi culpa, además, nunca tuvimos un contrato real, porque yo
nunca firmé nada. Ahora he recibido una carta informándome
que me piensa demandar, en la corte de reclamaciones menores,
por los $100. Como, yo no firmé nada ¿tengo que pagar?

A mucha gente le sorprenderá enterarse que usualmente, usted no tiene que firmar nada para que haya un contrato que se pueda hacer valer legalmente. En su caso su contrato fue por servicios que se iban a hacer, y esos contratos no requieren su firma *a menos que no se puedan hacer dentro de un año.* Su contrato, claramente, se haría en menos de un año, y usted es responsable de cualquier pérdida en la que el contratista haya incurrido.

De acuerdo con la ley, la mayoría de los contratos no tienen que constar por escrito, o estar firmados para que se puedan hacer valer. Pero algunos contratos se consideran más importantes que otros, y hay una ley llamada la Ley de fraudes, que requiere que ciertos contratos "consten" o se evidencien por algo escrito y firmado. Los contratos más comunes que necesitan estar por escrito y firmados son: contratos para la venta de tierras; contratos que no se pueden ejecutar o llevar a cabo dentro de un año; contratos para la venta de artículos que cuestan más de quinientos dólares, y contratos para pagar las deudas de otro. Para hacer legalmente ese tipo de contratos es necesario que haya algo por escrito suficiente para mostrar que se ha hecho un contrato y que ha sido firmado por la persona contra la que el contrato se está haciendo valer. Un breve ejemplo nos mostrará como funciona la ley. Supongamos, que yo acuerdo venderle mi casa a usted. Como los contratos para la venta de tierras están cubiertos bajo la Ley de fraudes, el acuerdo no se puede hacer valer a menos que tengamos algo por escrito. Nosotros oralmente acordamos la venta, y entonces yo voy a casa y le escribo a usted una carta diciéndole lo emocionado que estoy con la negociación, y en la que discuto todos los detalles. Yo firmo la carta y se la envió a usted por correo. En este momento, hay un contrato que se puede hacer valer contra mí, porque yo firmé algo por escrito, indicando que hicimos un contrato, y dando los términos importantes. Pero el contrato probablemente no se pueda hacer valer contra usted porque usted no ha firmado nada. *Si usted está preocupado sobre poder hacer valer un contrato, protéjase: Póngalo por escrito.*

La Ley de Fraudes está hecha para prevenir que una persona, fuerce a otra a hacer un contrato, declarando falsamente, que han tenido un acuerdo. Sin lo escrito el acuerdo no se puede hacer valer. Pero la ley no quiere que la gente use la Ley de Fraudes, para deshacer contratos hechos en los que la otra persona han confiado y dependido. Por ejemplo, suponga que usted acuerda comprar un bote hecho a la orden de mí a un costo de $2,500. Después que yo construyo el bote, usted cambia de opinión y dice que usted no va a pagar. El contrato es por la venta de bienes, que cuestan más de $500, por eso, necesito algo escrito y firmado para demandarlo. No tengo alternativas aquí, o sea ¿tengo mala suerte? No, en este caso. Hay muchas excepciones a la ley que requiere algo escrito y esta es una de ellas. Debido a que las cosas fueron fabricadas especialmente, yo lo puedo demandar a usted, aun sin tenerlo escrito. Todo lo que tengo que hacer es probar que usted estuvo de acuerdo, oralmente. La misma regla se aplica cuando una parte ha llevado a cabo y cumplido con su parte en el trato y entonces la otra parte trate de salirse del contrato.

Recuerde: la mayoría de los contratos no requieren algo escrito. Aun, cuando se requiere estar por escrito, el requisito se puede perdonar, si resulta injusto para una de las partes. El mejor consejo: Si usted hace un contrato oral, prepárese para cumplir su promesa.

¿Qué sucede si él no hace lo prometido? "No hay castigo".

Querido Señor Alderman:
Firmé un contrato para comprar un tocadiscos estéreo en una tienda local. Cuando fui al siguiente día para recogerlo, el gerente me dijo, que acababan de venderle el tocadiscos a otro cliente y que yo no obtendría otro por varias semanas. Me enojé mucho... ya que sabía que el gerente no simpatizaba conmigo y lo había vendido por eso. Fui a otra tienda, alrededor de la esquina, y compré el mismo tocadiscos, por un precio mucho menor. Ahora quiero saber, si hay algo que pueda hacer, sobre el hecho de que el gerente

de la tienda, no me vendió el tocadiscos original. Tengo un
contrato escrito.

La ley de contratos está diseñada para hacer una cosa. Asegurar
que usted obtenga el beneficio de su negociación. Si alguien incumple
el contrato, usted tiene el derecho a los daños en dinero, que lo
pondrían a usted en la misma situación que usted hubiera tenido si
el contrato se hubiera cumplido. *Es muy raro que por incumplimiento*
de contrato se concedan daños punitivos. Todo lo que la ley requiere
es que la parte incumplidora ponga a la otra parte en una situación
igual a la que tendría si el contrato se hubiera cumplido.
En su caso, usted está en mejor situación, después que la primera
tienda incumplió el contrato, que si lo hubiera cumplido. Por eso
usted no tiene derecho a daños. Si usted hubiera tenido que pagar
más por el tocadiscos en la otra tienda, usted pudiera recobrar la
diferencia de precios. Pero, en su caso, usted ahorró dinero. A pesar,
de que usted tiene un contrato por escrito, usted no puede obtener
ningún tipo de compensación punitiva de parte del comerciante por no
cumplir su parte de lo acordado.
Los daños por rompimiento de contrato, se pueden demostrar de
esta manera:

Valor de mercado	(Lo que le costaría a usted obtener la misma cosa en otro lugar)
- el precio del contrato	(Lo que usted tendría que pagar)
=daños	
+más daños a consecuencia del incumplimiento	(todo lo que haya perdido además por el incumplimiento)
= cantidad total a recobrar	(como daños).

Por ejemplo, suponga que el tocadiscos le costó $100 más en otra
tienda y usted tiene que manejar 50 millas más para encontrar la
tienda. Usted entonces, tendría derecho a $100 (la diferencia entre
el precio del mercado y el precio del contrato) más una cantidad
razonable por el millaje (pérdida derivada del incumplimiento). En
su caso sin embargo, la fórmula resulta en un número negativo, y por
eso la tienda no le tiene que pagar a usted daños de ningún tipo.
La ley requiere que usted cumpla con cualquier contrato en el que sea
parte, pero los daños se han establecido, para compensar, no castigar.
Si el incumplimiento de la otra parte, no le daña a usted económica-
mente, probablemente usted no tenga derecho a daños de ningún tipo.

**No pude económicamente pagar,
por el artículo que dejé en apartado.
¿Me devolverán mi dinero?
"Eso depende".**

Querido Señor Alderman:
*Hace unos meses, vi un bello vestido, en una tiendecita cercana a
mi casa. Les pregunte si tenían el plan de apartados y me dijeron
que sí. Me dieron algo a firmar, y me dijeron que tenía que pagar
$5 a la semana y que en doce semanas, el vestido sería mío. El
vestido estaba marcado $60. y eso me pareció justo. Pagué durante
siete semanas y entonces perdí mi empleo. Cuando fui y les dije que
no podía hacer más pagos, me dijeron "Bien, pero conservaremos
el dinero y el vestido". Entonces, me mostraron el papel que firmé,
que dice que ellos pueden hacer eso. Sé, que debía haberlo leído
antes de firmar, pero presumí que si dejaba de pagar, me devolverían el dinero. ¿Hay algo que pueda hacer?*

Usted ha hecho una buena pregunta, y me sorprendió, que no
pudiera encontrar una ley de Texas, que trate directamente el asunto
de los apartados o "layaways". Es una materia, de un contrato privado
entre usted y la tienda. Lo que usted haya acordado se puede hacer
valer, como cualquier otro contrato. *Es muy importante que usted,
cuidadosamente lea el acuerdo antes de firmarlo.*
Sin embargo, eso no quiere decir que la tienda puede hacer lo que
quiera. Todavía están sometidos a la Ley de prácticas comerciales
engañosas del estado de Texas. Bajo lo establecido en esta ley, ellos
tendrían responsabilidad civil, si no informaron o presentaron bien
los términos del acuerdo.   Por ejemplo, si le dijeron, que usted
obtendría la devolución de su dinero, no pueden someterla a usted a
un acuerdo escrito en contrario. En ese caso, al conservar su dinero,
ellos pudieran haber violado la Ley de Prácticas engañosas en el
comercio y usted pudiera obtener tres veces los daños causados a
usted. (Lea las páginas 86 a 100). Esta ley también les prohibe a ellos
hacer nada que sea "desmedido o poco escrupuloso". Esto se define
como cualquier acto, que resulte en una "gruesa disparidad entre el
valor recibido y lo pagado, como causa del contrato". En su caso usted
ha pagado $35 y todo lo que usted ha recibido es el derecho de pagar
el vestido, a plazos, en vez de una sola vez. Yo diría que esto tiene
algún valor, pero no tanto. Basado en las prácticas de otras tiendas,
usted pudiera mostrar que su derecho no vale más del 10 por ciento
del precio de compra. En mi opinión, un plan de apartados, que le

permite a la tienda quedarse con todo el dinero y además la cosa en apartado, cuando usted no haya pagado la cantidad total es desmedido o poco escrupuloso. Cargar una pequeña cuota, por el derecho de usar el plan de apartados, pudiera ser una solución, mucho más justa.

Si usted cree que se le engañó, o que la cantidad, que se la ha cobrado, es desmedida o poco escrupulosa, bajo los términos de la Ley contra las prácticas engañosas en el comercio, usted debe considerar, el hacerle saber a la tienda que usted va a ir a la corte de reclamaciones menores, si es necesario. Recuerde, sin embargo, antes de usar esta ley, hay ciertas cosas que debe hacer, por lo tanto lea las páginas 98 a 100, cuidadosamente.

CAPITULO CINCO

Tarjetas de Crédito

EN el capítulo primero usted vió lo importante que el crédito es, y que hay leyes que le ayudan a obtener crédito, a un precio justo. Pero una vez que usted tiene el crédito, todo tipo de complicaciones se pueden derivar al usarlo.

¿Usted se ha preguntado, alguna vez, si puede parar el pago en una tarjeta de crédito de la misma manera que puede hacerlo con un cheque? ¿O quién es responsable cuando le roban la tarjeta de crédito y el ladrón disfruta de un crucero por todo el mundo, vía su tarjeta de crédito?

Como verá, las tarjetas de crédito, ofrecen mayor protección, que cualquier otro plan de pagos.

¿Tengo que pagar si la planta tiene insectos acáridos?
"Afortunadamente, usted usó una tarjeta de crédito".

Querido Señor Alderman:
Aproximadamente hace tres semanas, compré una nueva planta para la casa. Era bastante cara, y el florista me dijo que estaba en excelente forma, y que con buen cuidado, sería una especie de "modelo" u obra maestra. Poco tiempo después que llegué a casa, noté que tenía una horrible invasión de insectos acáridos. La planta estaba tan infestada que no la pude meter dentro de la casa. Al siguiente día le devolví la planta al florista, él que me dijo que los insectos pudieron haber venido de mi casa, ya que "todas sus plantas están sin mancha". Yo le dije que la planta nunca había entrado en mi casa, y que era obvio que los insectos estaban allí desde hacía mucho tiempo. Me dijo que lo sentía mucho, pero que no iba a hacer nada en el asunto y que de acuerdo con él, podía recibir la planta de nuevo o dejársela a él. Luego se rió y dijo: "Recuerde la máxima antigua caveat emptor" [que el comprador se preocupe]. De todas maneras, la semana pasada, recibí en mi cuenta de la tarjeta de crédito, un cargo por $80 por la planta. ¿Hay algo que pueda hacer?

40

Si usted hubiera pagado, por la planta, en efectivo, su único remedio hubiera sido tratar de obtener que el comerciante le devolviera el dinero, o ir a la corte de reclamaciones menores. Pero afortunadamente usted usó una tarjeta de crédito, y como, usted podrá ver, esto le da derechos substanciales. Bajo los términos de una ley federal, no se le permite a una compañía de tarjetas de crédito, cobrar ningún dinero de usted, si el comerciante, en cuestión no tiene derecho a cobrar. En la jerga legal, la compañía de la tarjeta de crédito toma la cuenta sujeta a todas las "reclamaciones y defensas" que el comprador tenga contra el vendedor.

Lo que esto quiere decir es que usted tiene la oportunidad de explicarle a la compañía de la tarjeta de crédito, por qué usted no quiere pagar. Por ejemplo: si el florista tratara de cobrarle a usted los $80, usted puede rehusar el pago, alegando que los artículos o el artículo era defectuoso y que no cumplía la característica prometida de ser "un modelo", por su calidad.

Bajo lo dispuesto por la ley, la compañía de la tarjeta de crédito recibe el mismo tratamiento que el comerciante. Usted le puede decir a la compañía de la tarjeta de crédito: "No tengo que pagar la cuenta, porque los bienes o artículos que compré, y traté de devolver, estaban defectuosos". Usted tiene ese derecho contra la compañía de la tarjeta de crédito, hasta que usted pague la cuenta, y si las siguientes tres condiciones se han cumplido:

1. Usted ha hecho un esfuerzo, de buena fe, de arreglar el asunto con el comerciante.
2. Las cosas cuestan más de $50.
3. La venta se llevó a cabo, dentro de los límites del estado en que está su domicilio, o dentro de cien millas de la dirección de su casa.

Esta ley le protege cuando usted paga por servicios o artículos con una tarjeta de crédito. Si usted recibe la cuenta y hay un cargo por artículos o servicios que usted no recibió o son defectuosos, usted debe inmediatamente, ponerse en contacto con la compañía de la tarjeta de crédito, por escrito, y decirles sobre la disputa.

¡No pague el cargo que esté disputando o discutiendo!.

Usted debe escribirle a la compañía de la tarjeta de crédito y explicarle que está disputando el cargo. Revise la parte de atrás de la cuenta para obtener la dirección apropiada. A veces, la compañía de la tarjeta de crédito, escuchará su versión de la disputa, por teléfono. Pero para retener completamente todos sus derechos, bajo lo dispuesto por la ley, siga cualquier llamada telefónica, con una carta enviada por correo certificado, pidiendo recibo de entrega o "return receipt", confirmando la llamada.

La ley de la que estamos hablando es llamada "**Ley de justa cuentas en crédito**". Para enterarse como usar dicha ley, lea la siguiente carta.

¿Qué puedo hacer cuando una compañía va a la bancarrota? "La próxima vez, use una tarjeta de crédito".

Querido Señor Alderman:
Parece que cada día otro negocio se va en bancarrota, o simplemente desaparece. Me preocupa ir a comprar algo de un negocio y antes que lo envíen, la compañía vaya a la bancarrota. Algunos de mis amigos se han quedado con boletos de aerolíneas quebradas. ¿Cómo me puedo proteger?

Como consumidor, no hay manera de prevenir, que una compañía vaya a la bancarrota, pero usando un método alterno de pago, la tarjeta de crédito, usted usualmente puede protegerse de tener pérdidas. Bajo lo dispuesto en la Ley para justas cuentas de crédito, una compañía de tarjeta de crédito, no puede cobrar por bienes o servicios que usted compró pero nunca recibió. La misma regla, probablemente se aplique si usted carga a cuenta un boleto de avión, y nunca ha tenido la oportunidad de usarlo, porque la línea área se fue en bancarrota y ha cancelado su vuelo.

La Ley es fácil de usar, pero usted debe seguir unas pocas reglas, bastante simples:

Primero: Usted debe enviar, una notificación sobre el error en la cuenta, por escrito a la compañía de la tarjeta de crédito (La cuenta debe contener la dirección).

Segundo: Su notificación debe llegar a la compañía de la tarjeta de crédito, dentro de los 60 días, después, que la cuenta que contenía el error fue enviada a usted.

Estos pasos deben estar explicados en su cuenta. Usualmente debe haber una notificación o declaración como la siguiente:

BILLINGS RIGHT SUMMARY
(Sumario sobre derechos en cuanto a la cuenta)
(En caso de que haya errores o preguntas, sobre su cuenta.)

Si usted cree que la cuenta está equivocada, o si usted necesita más información sobre una negociación en su cuenta, escríbanos (en hoja separada) a (la dirección que se muestra en su cuenta), tan pronto como sea posible. Tenemos que recibir notificaciones de usted a más tardar en 60 días después que le enviamos la primera cuenta en la que apareció el error. Usted puede llamarnos por teléfono, pero hacer eso no preservará sus derechos.

En su carta, denos la siguiente información:
- Su nombre y número de cuenta.
- La cantidad en dólares del error alegado.
- Una descripción del error y explique, si puede, por qué usted cree que hay un error. Si necesita más información, describa el artículo o asunto del que usted no esté seguro.

Usted no tiene que pagar ninguna cantidad de lo debatido, mientras estemos investigando, pero usted si está obligado a pagar las partes de la cuenta, que usted no discute.
Mientras nosotros investigamos sus preguntas, no podemos reportarle como moroso en el pago o tomar acción para cobrar la cantidad en disputa.
Regla especial para compras con tarjetas de crédito
Si usted tiene problemas en cuanto a la calidad de los bienes o servicios que ha comprado con una tarjeta de crédito, y usted ha tratado en buena fe de arreglar el problema con el comerciante, puede ser que no tenga que pagar la cantidad que queda adeudada en los bienes y servicios. Usted tiene esta protección, solamente, cuando el precio de compra fue más de $50 y la compra fue hecha en el estado donde usted tiene su domicilio o a una distancia de 100 millas de su domicilio (Si nosotros somos los dueños u operamos, por el comerciante, o si nosotros le mandamos por correo los anuncios de la propiedad o servicios, todas las compras están cubiertas, sin importar la cantidad o la localidad de compra).
Usted puede usar el siguiente formulario para su carta. Envíe esta carta a la compañía de su tarjeta de crédito, a la dirección que viene en su cuenta mensual. Envíela por correo certificado, con prueba de entrega (return receipt):

Fecha   Su nombre
                                         y dirección
Compañía de tarjeta de crédito
Dirección
RE: Cuenta #_____
Estoy disputando el cargo en mi estado de cuenta de (mes) por la
cantidad de $ (dar la cantidad) por la compra de (artículo).

Diga las razones, por las que rehusa pagar. Por ejemplo el que
escribió la carta anterior diría:

Este cargo fue por la compra de una planta, que la tienda me dijo
que estaba en buenas condiciones, que era un modelo. La planta
estaba infectada de acáridos o "mites". He devuelto la planta y
rehuso pagarla porque estaba defectuosa. La tienda está ahora
en posesión de la planta.
Por favor elimine ese cargo de mi cuenta. Gracias por la cooperación que espero.

_____
Firmado

La próxima vez que compre bienes o servicios, piense sobre las
ventajas de usar su tarjeta de crédito. Si los bienes o servicios nunca
llegan o la compañía se va del negocio, usted no tendrá que sufrir una
pérdida, porque la ley le permite disputar la cuenta y hacer valer sus
derechos contra la compañía de la tarjeta de crédito.

LA LEY DE CUENTAS JUSTAS EN EL CREDITO.

La Ley de cuentas justas en el crédito (Fair Credit Billing Act -
FCBA), le protege en caso de "errores en la cuenta o factura". Los
errores de factura están definidos por la ley e incluyen:

1. Cargos que no hayan sido hechos por usted o por persona
   autorizada para usar su cuenta.
2. Cargos que han sido incorrectamente identificados, o por los
   cuales se muestra una cantidad incorrecta o una fecha incorrecta.
3. Cargos por bienes o servicios que usted no ha aceptado o que no
   fueron enviados como se había acordado.

4. Errores de computación (suma, resta, división o multiplicación) o similares.
5. Dejar de reflejar pagos u otros créditos, como, por ejemplo, devoluciones.
6. No enviar por correo o entregar las cuentas en su actual dirección (siempre y cuando usted le haya notificado el cambio de dirección, por lo menos con 20 días de anticipación a la terminación del período de facturar o enviar cuentas).
7. Cargos por los cuales usted ha pedido una explicación o prueba escrita de compra.

Esta ley se aplica a cualquier negocio, con el que usted tenga una cuenta, incluyendo tiendas, compañías de tarjetas de crédito, y aún cuentas corrientes con sobregiro de los bancos. Si usted cree que ha ocurrido un error en la cuenta o factura, usted debe enviarle al acreedor una nota de error en dicha cuenta. Esta nota debe llegar al acreedor dentro de los 60 días de haber recibido la cuenta errónea. Envíe la nota a la dirección que aparece en la cuenta. En su carta debe incluir la información siguiente:

1. Nombre y número de cuenta.
2. Una declaración que usted cree que la cuenta contiene un error, que está incluido en la cantidad de dinero.
3. Una declaración describiendo por qué usted cree que hay un error.

La ley requiere solamente que usted *envíe* esta nota, pero para protegerse, mándela por *correo certificado*, pidiendo recibo de entrega (return receipt requested).

¿Qué debe hacer el acreedor?

El acreedor debe dar un acuse de recibo de su carta, en que se reclama la existencia de errores en la factura o cuenta, dentro de los 30 días posteriores a haberla recibido, a menos que, el problema se resuelva dentro de ese período de tiempo. En todo caso después de dos ciclos de enviar cuentas (pero por no más de 90 días), el acreedor debe hacer una investigación razonable y corregir el error o explicar por qué cree que la cuenta está correcta.

¿Qué sucede mientras se disputa una cuenta?

Usted puede no hacer el pago de la cantidad, en disputa, incluyendo las porciones afectadas de pagos mínimos y cargos por financiamiento, hasta que la disputa se resuelva. A usted se le requiere que pague cualquier parte de la cuenta que no esté en disputa, incluyendo los cargos por finanzas y otros cargos.

Mientras que el procedimiento de la FCBA, para la solución de la disputa está en camino, el acreedor no puede tomar ninguna acción legal o de otro tipo para cobrar la cantidad disputada. No se le puede restringir la cuenta, en forma alguna, excepto que la cantidad disputada se puede aplicar al límite de su crédito.

¿Qué pasa con su evaluación de crédito?

Mientras una cuenta, está en disputa, el acreedor no puede amenazarle con que le va a dañar su evaluación de crédito o reportarle como moroso a nadie. Al acreedor se le permite, sin embargo reportar que usted está disputando la cuenta.

Otra ley federal, la *Ley de Igualdad de oportunidades* en el crédito, prohibe a los acreedores discriminar contra solicitantes de crédito que de buena fe, ejercitan sus derechos bajo los términos de la FCBA. A usted no se le puede negar crédito, simplemente porque haya disputado una cuenta.

¿Qué pasa si el acreedor comete un error?

Si se encuentra que su cuenta contiene un error, el acreedor debe escribirle a usted, explicándole las correcciones que se harán en su cuenta. Además, de acreditarle en su cuenta la cantidad no debida, el acreedor debe remover todos los cargos financieros, cuotas por demora, o cualquier otro cargo que tenga relación con dicha cantidad. Si el acreedor concluye que usted debe parte de la cantidad disputada, esto también debe ser explicado por escrito. Usted también tiene el derecho de solicitar copias de los documentos que prueban que usted debe el dinero.

¿Qué pasa si la cuenta está correcta?

Si el acreedor investiga, y aún cree que la cuenta está correcta, a usted se le debe informar prontamente, por escrito, cuánto debe usted y por qué. Usted puede también solicitar copias de los documentos relevantes. En ese punto, usted deberá la cantidad disputada, además de los cargos financieros acumulados mientras la cantidad era disputada.

¿Qué pasa si usted aún no está de acuerdo?

Aún después que haya terminado el procedimiento para ajustar la cuenta de la ley para cuentas de crédito correctas, usted puede creer que la cuenta está equivocada. Si esto sucede, escríbale al acreedor dentro de los 10 días siguientes de haber recibido la explicación y dígale que usted rehusa pagar la cantidad, en disputa. En ese punto o momento, el acreedor puede comenzar procedimientos de cobro. Si el acreedor, sin embargo, lo reporta, a usted a un buró de crédito como moroso, él debe también declarar, que usted no cree que debe el dinero. A usted también se le debe decir quién recibirá esos reportes.

¿Qué pasa si el acreedor no sigue los procedimientos?

Cualquier acreedor que no siga estrictamente el procedimiento para arreglar disputas de la Ley para Cuentas correctas en el crédito, puede que no pueda cobrar la cantidad en disputa, o cualquier cargo financiero, en la misma, hasta $50, aunque la cuenta resulte que estaba correcta.

Por ejemplo: esta penalidad aplicaría si el acreedor acusa recibo de su reclamación en 45 días (15 días demasiado tarde) o se toma más de dos ciclos de enviar cuentas para resolver la disputa. También se aplica, si el acreedor, amenaza reportarlo, o impropiamente reporta la situación de su cuenta.

Lo esencial es: Use la tarjeta de crédito cada vez que tenga dudas sobre una compañía, o cuando usted está comprando algo que llegará o se va a usar en el futuro.

¿Qué pasa cuando me roban la tarjeta de crédito? "Buenas noticias para usted".

Querido Señor Alderman:
El otro día fui a un restaurante y pagué por la comida con una tarjeta de crédito. El mesero, me hizo firmar la nota, pero se olvidó de devolverme la tarjeta de crédito. No descubrí esto hasta varios días después cuando fui a cargar otra comida y hallé que faltaba la tarjeta. Desde luego, inmediatamente llamé al restaurante y me dijeron que habían despedido al mesero. Llamé a la compañía de

la tarjeta de crédito y les dije que me habían robado la tarjeta, y me dijeron que escribiera una carta confirmándolo. Ahora estoy preocupado, sobre qué pasará si el mesero usa dicha tarjeta.

No se preocupe. La ley federal lo protege a usted cuando se pierde o le roban la tarjeta de crédito. Bajo lo dispuesto en la ley, su responsabilidad civil *máxima* por el uso no autorizado de su tarjeta de crédito es $50. Pero esta responsabilidad puede ser aún menor, si usted rápidamente notifica a la compañía de la tarjeta de crédito.

Usted no tiene responsabilidad por los cargos incurridos después que usted notificó a la compañía que su tarjeta se había perdido o se la habían robado. La notificación se debe dar en cualquier forma razonable, *incluyendo, por teléfono.* En su caso, usted no tiene que pagar por ningún cargo después de la fecha que usted llamó por teléfono a la compañía de la tarjeta de crédito, y lo más que usted tendrá que pagar por cargos no autorizados hechos antes de que usted diera la noticia es $50.

Si usted quiere asegurarse que nunca tendrá que pagar nada si su tarjeta de crédito se la roban o se pierde, conserve el número de teléfono de la compañía de la tarjeta de crédito a mano y llámela tan pronto como usted sepa que la tarjeta falta. Una rápida llamada telefónica puede ahorrarle a usted $50.

Buen consejo: Haga una copia fotostática del contenido de su billetera o cartera para que así pueda rápidamente reportar, la pérdida de cualquier tarjeta de crédito.

Alguien está cargando cosas a mi cuenta.
¿Cuáles son mis derechos?
"Puede que usted no tenga que pagar nada".

Querido Señor Alderman:
Recientemente recibí una cuenta de mi tarjeta de crédito y había tres cargos por cosas que yo no compré. Yo disputé los cargos como usted sugiere y me dijeron que era por artículos ordenados por correo y enviados a otra persona. La tienda dice que fue una orden por teléfono y que ellos obtuvieron mi número de cuenta, de esa manera. Yo no hice esas llamadas y creo que no debo pagar nada, ni aún los $50.

Yo estoy de acuerdo. Y pienso que usted está en lo correcto. De acuerdo con la ley usted no tiene que pagar por ningún cargo *no autorizado.* Una tienda que acepta simplemente un número de cuenta de tarjeta de crédito por teléfono y manda por correo la mercancía a una dirección diferente, corre el riesgo que el titular de la tarjeta de crédito no pague. Le sugiero que le aclare a la compañía de la tarjeta de crédito que usted no ordenó esos artículos y que usted no intenta pagarlos.

En cuanto a los $50.00, no creo que usted tenga que pagar, ni siquiera esa cantidad. Como dije en la página 47, si usted pierde su tarjeta o si se la roban, puede que se le requiera pagar los primeros $50. Esta regla no se aplica cuando alguien en forma fraudulenta usa su número, pero no su tarjeta. En otras palabras, la ley, le impone a usted ciertas obligaciones, si usted es descuidado y pierde la tarjeta o se la *roban*. Pero, mientras usted tenga la tarjeta, usted no tiene ninguna responsabilidad, por el uso no autorizado del número de su tarjeta de crédito.

Perdí mi tarjeta de banco.   ¿Qué pasa ahora?
"Todas las tarjetas plásticas no son iguales".

Querido Señor Alderman:
Recientemente usé una máquina automática de banco para obtener algún efectivo. Saqué $50 y me fui. Aparentemente se me cayó la tarjeta, porque no la he encontrado. He buscado en todas partes, pero simplemente no la encuentro. Recuerdo haber leído algo sobre el hecho de que soy solamente responsable por $50 si pierdo mi tarjeta de crédito. ¿Estoy protegido si alguien encuentra mi tarjeta de banco y la usa?

¡No! La ley que lo protege a usted en el caso de tarjetas de crédito perdidas no se aplica a tarjetas que electrónicamente transfieren dinero directamente sacándolo de su cuenta. En vez de hacer como una tarjeta de crédito, que le extiende a usted crédito durante el período en que se hace el cargo y el tiempo en que usted paga la cuenta, una tarjeta de banco, inmediatamente le pone un débito a su cuenta.

Recuerde: La ley en relación a las tarjetas de banco como la MPACT o Pulse es muy diferente de la ley que regula las tarjetas de crédito. Si pierde o le roban su tarjeta de banco, su responsabilidad depende de la rapidez que tenga en reportar la pérdida. Su responsabilidad se limita a $50 *solamente si* usted notifica la pérdida *dentro de los dos días hábiles* siguientes a enterarse de la pérdida. Si usted espera, su responsabilidad puede subir hasta los $500. Y si usted deja de reportar la pérdida dentro de los 60 días después que su estado de cuenta se le envía por correo, usted es responsable de todas las transferencias hechas después de 60 días (aunque sean por más de $500). Esto significa que usted pudiera perder todo el dinero que tiene en su cuenta, además de cualquier protección de sobregiro, que usted tenga con el banco.

Por ejemplo, suponga que su tarjeta para sacar dinero de la máquina se la ha robado algún ladrón infame, que también ha descubierto el número de su código (*recuerde una buena manera de protegerse es conservar en secreto, su número de código*). La primera parada que el villano hace es en la máquina de dinero de su banco, donde prontamente saca $75 de su cuenta. El próximo día, regresa y saca unos buenos $200 (¡se está volviendo avaricioso!). Una semana más tarde usted trata de usar su tarjeta y descubre que falta.

Si usted llama al banco, dentro de dos días hábiles después de descubrir que la tarjeta falta, todo lo que usted pierde es $50. Pero si usted espera una semana, usted será responsable por los $275 completos, y si usted espera aún más, pudiera perder todo el dinero que haya su cuenta. Por ejemplo, muchas personas apartan el estado de cuenta que les mandó el banco, planeando encontrar "un momento libre" más tarde, para revisarlo. Mientras tanto, han pasado dos meses y medio. El ladrón decide volver a atacar la máquina de dinero de su banco, otra vez, con su tarjeta y su código de cuenta en mano, y entonces se lleva todo lo que hay en su cuenta que sube a $1,000. Como usted no reportó la discrepancia en su estado de cuenta dentro de los 60 días después que el banco le mandó dicho estado de cuenta, la pérdida completa recae sobre usted.

Recuerde: Una demora de dos días al reportar la pérdida de una tarjeta de banco puede costarle a usted $500. Prontamente revise todos los estados de cuenta de su banco y reporte inmediatamente, cualquier transferencia de fondos no autorizada.

La ley que regula el mal uso de tarjetas de banco, llamada **"Ley de transferencia electrónica de fondos"** (Electronic Fund Transfer Act) cubre no solamente a sus tarjetas de banco, también cualquier pago pre-autorizado que usted le permite hacer a su banco. Por ejemplo, muchos de nosotros, usamos transferencias electrónicas de fondos para hacer algunos pagos mensuales regulares, como por ejemplo los pagos de la hipoteca que se hagan automáticamente. Se espera que la transferencia electrónica de fondos reemplace a los cheques como la forma más común de hacer negocios en el futuro. Pronto pagaremos nuestros mandados en el supermercado con una tarjeta que automáticamente sacará el dinero de nuestra cuenta y lo transferirá a la cuenta del supermercado.

Si usted quiere más información sobre las transferencias electrónicas de fondos y sus derechos, usted puede pedir el siguiente folleto gratis:

"Alice in Debit-Land"
Board of Governors
Federal Reserve System
Washington, D.C. 20551

CAPITULO SEIS

Cobro de Deudas

TODO el mundo, seguramente está de acuerdo que uno debe pagar todas las cuentas a tiempo. Pero, de vez en cuando, algo pasa y a veces no podemos hacerlo. Si usted no puede pagar todas sus cuentas a tiempo, usted debe saber que hay leyes federales y estatales, que lo protegen de cobradores inescrupulosos.

La mayoría de los consumidores pagan sus deudas. Y aunque menos del dos por ciento de todas las obligaciones de crédito de los consumidores se dejan de pagar, las cuentas morosas o no pagadas, suman varios miles de millones de dólares. Como uno pudiera esperar, estando en juego esa vasta cantidad de dinero, los cobradores dedican una cantidad considerable de energía al cobro de esas cuentas morosas o no pagadas, y a veces sus esfuerzos son ilegales.

El cobro de una deuda comienza usualmente con una carta cortés de la compañía informando a la parte morosa, que su cuenta se ha pasado de tiempo y en la que solicita el pago, o por lo menos que se haga un plan de pagos. Si nada se puede resolver, se enviarán cartas adicionales diciéndole al deudor que se van a tomar medidas mas drásticas.

Pero si la carta no logra obtener los fondos pedidos, la cuenta usualmente se manda a una agencia de cobros. La correspondencia, en este punto, se convierte en algo más urgente y el tono se pone un poco más duro. El deudor, a lo mejor, recibe llamadas por teléfono, en la casa y en el trabajo, pidiéndole el pago. Si no se paga, el próximo paso, es enviar el asunto a un abogado, el que presenta una demanda. Pero presentar demandas es costoso y sólo se usa como último recurso. De ser posible, el cobrador lo que quiere es que le paguen sin ir a corte, y a veces esto significa, acudir a medios, más fuertes, a veces ilegales.

La ingeniosidad de los cobradores es ilimitada y desafortunadamente, a veces su estilo de acción, es cuestionable. Las historias de mala conducta de los cobradores pudieran llenar las páginas de muchos libros. Finalmente, las prácticas agresivas de algunos de ellos, han hecho que el Congreso, sienta que es necesario promulgar una ley para proteger a los deudores. Esta ley es llamada "**La Ley de**

Justas prácticas de cobro" y provee protección a los consumidores que experimenten condiciones amenazantes o de acoso o manos de cobradores latosos. Esta ley, junto con la **"Ley de cobro de deudas de Texas"**, deben asegurar, que los deudores honestos, que están tratando de hacer lo mejor que pueden, pero que sus deudas se les han ido un poco de las manos, sean tratados en forma justa y humana por los cobradores.

Antes de hablar sobre estas leyes, usted debe saber los derechos que de acuerdo con la ley que tienen sus acreedores si ello lo demandan. Como muestra la primera carta, las leyes de Texas son muy generosas con los deudores.

¿Qué puede obtener el cobrador?
"No mucho".

Querido Señor Alderman:
Le debo a una tienda por departamentos local cerca de mil dólares. No les he podido pagar la cantidad completa, aunque les he enviado, todo lo que he podido cada mes. Ellos me han dicho que me van a demandar. Cada centavo que yo gano va a pagar mis cuentas. Si ellos me demandan, ¿qué pueden obtener de mí?

Cada estado tiene una ley que exime algunas de las propiedades del deudor frente a las reclamaciones de los acreedores. La propiedad exenta, es propiedad que los acreedores nunca pueden tomar. No importa cuánto dinero usted deba, hay algún tipo de propiedad que el estado siente o cree que es tan importante para usted que usted puede conservarla.*Texas tiene una de las leyes más favorables en ese sentido del país.* De acuerdo con la ley de Texas sus acreedores no se pueden apoderar de su "patrimonio familiar" o *"homestead"* o una cantidad específica en propiedad personal, en la mayoría de los casos sube a $60,000. He aquí lo que dice la ley:

EXENCION POR PATRIMONIO FAMILIAR O HOMESTEAD

a. Un hogar y uno o más lotes para usar como sepulcro de una familia o de un adulto soltero, que no es miembro de una familia, quedan exentos de embargo, ejecución, venta forzosa para el pago de deudas, excepto por gravámenes inscritos a la propiedad.

b. Lo que se obtenga de la venta voluntaria de un patrimonio familiar o "homestead" no están sujetos a embargos o ventas forzadas, por seis meses después de la fecha de la venta.

c. La exención por patrimonio familiar o "homestead", provista en esta sección, no se aplica si las deudas:

1. Son parte total o parcial del dinero de compra del patrimonio familiar.

2. Es de impuestos sobre dicho patrimonio familiar.

3. Es por trabajo o materiales usados en la construcción de mejoras del patrimonio familiar, si el trabajo y los materiales provienen de un contrato por escrito. En el caso del patrimonio de una familia, si ambos esposos, han dado su consentimiento, en la manera requerida por la ley para la transmisión del patrimonio familiar.

Cantidad del Patrimonio; Usos

El patrimonio que no esté en un pueblo o ciudad, debe consistir de no más de doscientos acres de tierra, que puede estar en una o más parcelas, incluidas sus mejoras; el patrimonio que esté en una ciudad, pueblo o villa, debe consistir de un lote o lotes en conjunto no tengan más de un acre de tierra, junto con lo construido sobre ella, siempre que se use como hogar, o como lugar para tener el negocio del que reclama el patrimonio, ya sea un persona soltera adulta, o un cabeza de familia. Cualquier alquiler temporal del patrimonio, no cambia el carácter del mismo, siempre que no se haya adquirido otro patrimonio.

EXENCION DE PROPIEDAD PERSONAL

a. La propiedad personal elegible propiedad de la familia y que tenga un valor agregado de mercado de no más de $60,000 está exenta de embargo, ejecución, o captura para la satisfacción de deudas, excepto los gravámenes fijados a la misma propiedad, en forma apropiada.

b. La propiedad personal elegible que es propiedad de un adulto soltero que no es miembro de una familia y que tiene un valor justo agregado de mercado de no más de $30,000, está exenta de embargo, ejecución o captura para la satisfacción de deudas, excepto los gravámenes fijados a la misma propiedad, en forma apropiada.

c. La exención ordenada en esta sección no se aplica a una deuda asegurada con un gravamen a la propiedad o lo que se deba por alquileres o avances de un propietario arrendador a su inquilino.

Propiedad personal elegible para la exención

La siguiente propiedad personal, es elegible para la exención:

1. Los muebles del hogar, incluyendo joyas familiares heredadas.
2. Las provisiones destinadas al consumo.
3. Los vehículos e implementos de labranza o cultivo de la tierra;
4) Herramientas, equipo, libros, y aparatos, incluyendo botes, y vehículos motorizados usados en un oficio o profesión;
5) La ropa de vestir;
6) Joyas que no excedan el 25% de la totalidad de las limitaciones de acuerdo a la Sección 42.001 (a);
7) Dos armas de fuego;
8) Equipo atlético y deportivo, incluyendo bicicletas;
9) Un vehículo motorizado de dos, tres o cuatro ruedas para cada miembro de una familia, o adulto soltero que tenga una licencia de conducir; o quien no posea la licencia pero que dependa de otra persona para operar el vehículo para beneficio de la persona que no posee ésta.
10) Los siguientes animales y el forrage a mano para su consumo:
    (A) Dos caballos, mulas, o burros y una silla de montar con sus peleros, riendas y frenos para cada uno;
    (B) 12 cabezas de ganado;
    (C) 60 cabezas de otro tipo de animales de rancho; y
    (D) 120 aves;
11) Animales domésticos; y
12) El presente valor de cualquier póliza de seguro de vida, si un miembro de la familia del asegurado o un dependiente del adulto soltero que reclama la exención, sea beneficiario de la póliza.

¿Qué significa todo esto para usted? Sumarizando, esto significa que usted puede conservar su hogar, libre de todos los acreedores, excepto el que le prestó el dinero para comprar la casa y cualquier persona a quien se le deba dinero por mejoras en dicha casa. Si usted no paga esas deudas, o si usted no paga los impuestos, puede que lo fuercen a vender su casa para pagar las deudas. Usted también conserva la propiedad personal, por valor de hasta $60,000 para una familia, siempre que la propiedad se incluya en una lista y usted no le ha dado voluntariamente a un acreedor un gravamen. Por ejemplo, si usted es dueño de un auto, los acreedores no se lo pueden quitar para satisfacer su deuda. Pero el concesionario que se lo vendió puede quitárselo, si el tomó un gravamen o prenda, cuando se lo vendió a

usted. Por otra parte, si usted tiene un bote, un artículo que no está incluido en la lista, sus acreedores le pueden demandar a usted y hacer que el sheriff o el condestable tome el bote y lo venda para pagar la deuda.

Como usted puede ver, la mayoría de lo que una persona promedio tiene está exento. Esto quiere decir, que aunque lo demanden, no tiene que preocuparse de perder sus propiedades. Desde luego, la persona que otorga el crédito para comprar un artículo, usualmente, tiene un gravamen, que le permite recobrar el artículo si usted no paga.

Y recuerde que los acreedores también conocen las leyes. Ellos saben que no lo pueden obligar a pagar, y por lo tanto, probablemente, ellos quieren hablar con usted para buscar una manera de resolver las cosas.

¿Pueden ellos quitarme el dinero de mis sueldos? "Probablemente no...."

Querido Señor Alderman:
Le debo muchísimo dinero a muchas personas, pero mi familia viene primero. Compro primero los mandados y la ropa, y todo lo demás que gano, va para pagar las cuentas. Me preocupa que si no pago mis cuentas pronto, los acreedores me quitarán una parte de mis salarios. No podría comprar ni lo básico, si eso sucediera. ¿Pueden ellos hacer eso?

La Constitución de Texas garantiza que los salarios de una persona están protegidos contra sus acreedores. De acuerdo con la ley sólo hay dos grupos de deudas de las que usted tiene que preocuparse: mantenimiento de los hijos y los impuestos. Si usted debe dinero por cualquiera de estas dos cosas, le pueden embargar los salarios para pagar la deuda. *En todos los otros casos, sus acreedores no le pueden quitar sus salarios en nada.*

Recuerde que esta es una ley de *Texas.* En casi todos los estados una parte de los salarios puede ser embargada para satisfacer la deuda. Por ejemplo, si usted trabaja parte del tiempo en Texas y parte del tiempo en Oklahoma, sus salarios de Oklahoma pueden estar sujetos a sus acreedores.

Consejo: De lo que puedo decirle, de acuerdo con su carta, y la carta anterior, los acreedores en Texas tienen muy pocos remedios legales cuando llega el momento de hacer valer sus créditos y cobrar sus deudas. Debido a esto, ellos tienen por lo general gran voluntad para tratar de arreglar un plan de pagos justo. *Si usted tiene problemas con*

sus acreedores, y lo que necesita es solamente un poco más de tiempo
para arreglar sus deudas, póngase en contacto con sus acreedores y vea
si puede llegar a un arreglo. Es en el interés de todos, tratar de llegar
a un compromiso.

¿Pueden mis acreedores quitarme el IRA?
¡No, ya no!.

Querido Señor Alderman:
Recientemente perdí mi empleo y me he atrasado en el pago de mis
cuentas. Estoy tratando de estar al día, pero algunos de los
acreedores quieren que se les pague completamente y me han
amenazado que me van a demandar. Oí que usted decía que no
pueden quitarme los salarios, pero me preocupa, perder mis
ahorros y que me quiten mi IRA o cuenta de retiro. Hay alguna
manera de proteger mi dinero de retiro?

Antes del primero de septiembre de 1987, un acreedor que lo
demandara a usted en la corte y le ganara el caso, probablemente
podía tomar los fondos de su IRA para satisfacer la sentencia. Esta
era una situación desafortunada, porque, como muestra la carta
anterior, la mayoría de sus otras propiedades está exenta en cuanto
a sus acreedores. La legislatura ha cambiado esto, al aprobar una
nueva ley, que declara exentos la mayoría de los planes de retiros o
IRAS de las demandas de los acreedores.

Bajo lo dispuesto en la nueva ley un IRA que llene los requisitos, no
se puede tomar por los acreedores, aunque vayan a la corte en
demanda y ganen. Este dinero se considera tan importante para su
retiro que el estado ha decidido permitir que usted lo conserve. En
otras palabras, la respuesta a su pregunta sobre la protección de su
dinero... es que lo conserve en una cuenta IRA. Desde luego, como
apunté anteriormente, otros ahorros, como los que tenga en una
simple cuenta de ahorros en un banco, pueden ser tomados por los
acreedores, una vez que ganen la demanda.

¿Puedo parar el hostigamiento hecho
por medio de llamadas telefónicas?
"Sí señor, esas llamadas deben parar".

Querido Señor Alderman:
Mis acreedores no me dejan en paz. Sé que debo pagar mis cuentas,
y lo haré tan pronto como pueda. Pero si no logro dormir, voy hasta

a perder mi empleo. Lo que más fastidia es que llaman a mitad de la noche y me dicen cosas como estas: "no se cómo un individuo con tantas deudas puede dormir. ¿No se siente usted culpable de no pagar las cuentas?" He empezado por quitar el cordón del teléfono por las noches, pero tan pronto como lo conecto de nuevo, empiezan las llamadas. ¿Cómo puedo parar esto? ¿Los puedo reportar a la compañía de teléfono? Hasta he tratado de cambiar mi número de teléfono.

Como apunta la introducción de este capítulo, hay dos leyes que le protegen a usted de hostigamiento por parte de los cobradores, la *Ley de cobro de deudas* de Texas, y la ley federal *Ley de prácticas justas para el cobro de deudas*. Ambas leyes le prohiben a los cobradores hostigar a los deudores por teléfono.

La ley federal declara ilegal toda conducta en que los cobradores hostiguen, opriman o abusen, a o/de las personas, en conexión con el cobro de una deuda. Se declara específicamente ilegal, el hacer repetidas llamadas por teléfono, con la intención de molestar, abusar u hostigar; llamar sin dar la identidad del que llama, o llamar después de las 9 P.M. o antes de las 8 A.M. La ley federal declara también que una vez que usted haya notificado al cobrador, por escrito, que usted quiere que pare cualquier comunicación con usted, el cobrador debe parar toda comunicación, *excepto la de avisarle a usted cual será su próximo paso.*

Bajo lo dispuesto por la Ley de justas prácticas en el cobro de deudas, usted puede hacer que el cobrador deje de llamarlo a usted y él pudiera ya haber violado la ley, por su conducta hasta este momento. *Pero la Ley de justas prácticas en el cobro de deudas sólo se aplica a un "cobrador" o sea, al que esta en el negocio de cobrar deudas por encargo de otro.* No se aplica a un acreedor que está cobrando las deudas que a él se le deben. Si las llamadas han sido de una agencia de cobros, la ley federal se aplica. Si las llamadas son directamente de la tienda, la ley federal no es aplicable; pero la ley de Texas *sí lo es.*

A diferencia de la ley federal, la Ley para el cobro de deudas de Texas, se aplica a todo el mundo, que está tratando de cobrar una deuda. Esto incluye a la tienda que le vendió los artículos y a cualquier agencia que esta emplee para cobrar la deuda. Aunque la ley de Texas no es tan extensa como la federal, usted la puede usar para prevenir cualquier hostigamiento en el futuro. De acuerdo con la ley de Texas, es ilegal, oprimir, hostigar, o abusar de una persona en conexión con el cobro de una deuda. La Ley específicamente ordena que un cobrador no puede hacer llamadas telefónicas sin decir el nombre de la persona que llama; no puede hacer llamadas con el propósito de molestar u hostigar; y no puede hacer que el teléfono suene repetida o continuamente, con intención de hostigar.

Si usted cree que lo están hostigando, usted debe de inmediato, ponerse en contacto con el acreedor o con el cobrador (si no son la misma persona) y decirles que cesen todo hostigamiento en el futuro. Hágalo por escrito y mándelo por correo certificado, con petición de prueba de entrega. Usted también puede ponerse en contacto con las oficinas federales o estatales apropiadas que hacen cumplir estas leyes. La ley federal está a cargo de la "Federal Trade Commission", y la ley estatal es hecha valer por la oficina del Procurador General del Estado (Attorney's General Office). Adicionalmente, ambas leyes, le permiten a usted cobrar substanciales daños civiles si usted ha resultado perjudicado en sus derechos, debido a un cobro ilegal de deudas. Si usted ha sufrido daños legales usted debe ver a un abogado privado, para establecer una demanda. Le debo recordar, que, si usted tiene éxito, usted también tiene derecho a recobrar los honorarios del abogado.

¿Pueden ellos informar a mi jefe?
"Usted pudiera estar protegido".

Querido Señor Alderman:
Debo dinero a varias tiendas. Hace poco obtuve un nuevo empleo y les estoy pagando tan pronto como puedo. La mayoría de los acreedores se han portado bien y me han permitido pagarles de la mejor manera posible, pero un cobrador me ha dicho que si no le pago la totalidad de lo que le debo, va a llamar a mi jefe, y le va a decir que tiene a un individuo lleno de deudas trabajando con él. Yo sé que si lo hace me despedirán del empleo. La única manera que le puedo pagar a esta tienda en particular es dejar de pagarle a los demás. ¿Hay alguna manera de protegerme? ¿Pueden ellos decir a la gente que yo le debo dinero?

Si realmente es un cobrador, y no es la tienda en sí, entonces es ilegal que se lo digan a su jefe. La ley federal que gobierna el cobro de deudas, se aplica solamente a alguien que está tratando de cobrar una deuda por encargo de otra persona, dice que los cobradores pueden solamente comunicarse con otras personas con el fin de localizarlo a usted. *La ley expresamente declara ilegal que ellos llamen a su empleador y traten de hacer que él lo fuerce a usted a pagar.*

Le sugiero que se ponga en contacto con el cobrador, por escrito y le exija que pare toda comunicación con terceras personas. *La ley federal también establece que si usted les escribe para que paren sus esfuerzos de cobro, ellos deben cesar toda comunicación con usted, excepto para decirle que lo están haciendo y lo que intentan hacer a continuación.* Si ellos continúan, llame a la "Federal Trade Commission". Si las acciones de ellos lo han dañado a usted, usted pudiera considerar ver a un abogado para establecer una demanda. De acuerdo con la ley usted pudiera tener derecho a daños punitivos, así como a lo que haya actualmente perdido.

Sepa que esta ley no se aplica a las personas que están cobrando las deudas que personalmente se les deben. Estas deudas están gobernadas por la ley de Texas, que probablemente, les permita ponerse en contacto con su empleador, a menos que esto se haga en una manera abusiva o de hostigamiento.

Mi cheque no tenía fondos. ¿Qué pueden ellos hacer? "Pudiera ser un delito".

Querido Señor Alderman:
El vestido nuevo en la tienda por departamentos era irresistible. El único problema es que el cheque que usé no tenía fondos para que fuera pagado. Después que el cheque regresó, por falta de fondos, le dije al gerente de la tienda que tan pronto como me pagaran mi sueldo yo le pagaría su cheque, pero el insistió en que se lo pagara al momento. El dice que es un delito pagarle a alguien con un cheque que es devuelto por falta de fondos, y que a menos que les pague pronto, ellos le entregaran el cheque al fiscal del distrito. ¿Pueden ellos hacer eso? Yo no me robé el vestido, yo pienso pagar por él.

Lo que usted ha hecho es probablemente un delito en el estado de Texas, de acuerdo con las leyes del estado y la tienda tiene el derecho de entregarle el asunto al fiscal del distrito, el cual pudiera iniciar la persecución del mismo. *Fuertemente le recomiendo que inmediatamente le pague a la tienda, el dinero que usted le debe.*

De acuerdo con las leyes de Texas, la expedición de un cheque malo, es una falta de clase C, y usted pudiera recibir una multa y hasta que la enviaran a la cárcel. La ley establece que es ilegal darle a alguien un cheque, sabiendo que no hay suficientes fondos en el banco para cubrirlo. En la práctica, si usted paga el cheque rápidamente, probablemente no la perseguirán legalmente, pero basado en lo que usted me dice en la carta usted ha violado la ley.

Usted debe saber, sin embargo, de la diferencia entre expedir un cheque malo o parar el pago de un cheque por una razón determinada. No es ilegal parar el pago de un cheque, cuando usted tiene suficientes fondos en su cuenta para pagarlo. Supongamos, por ejemplo, que cuando usted llegó con el vestido a su casa, descubrió que estaba dañado, y por eso lo llevó de vuelta a la tienda. La tienda rehusó devolverle su dinero, aunque tenía un cartel diciendo que le darían un reintegro de su dinero si hacía la devolución de los artículos dentro de 24 horas. Si usted para el pago del cheque, la tienda, no puede perseguirla a usted, de acuerdo con lo establecido en la ley. Si la tienda quiere tratar de cobrar el dinero, tiene que perseguir remedios o juicios civiles.

Tenga cuidado, si usted esta pensando en parar el pago de un cheque a un mecánico.

Lea la siguiente carta antes de hacerlo.

**Mi cheque fue devuelto por falta de fondos.
¿Pueden ellos apoderarse de mi auto?
"Ellos pueden hacerlo, si el cheque
era por el pago de reparaciones".**

Querido Señor Alderman:
Hace poco le arreglaron los frenos a mi auto. Pagué la cuenta de $79.95 con un cheque. Creía que tenía suficientes fondos en el banco, pero aparentemente no los tenía. El cheque fue devuelto por falta de fondos y varios días después encontré que mi auto no estaba en su lugar. Cuando llamé a la policía para reportar que me lo habían robado, me dijeron que tenía que pagar $79.95 más $350.00 por gastos de reposesión para que me lo devolvieran. Yo pagué y ahora estoy enojado. ¿Cuáles son mis derechos?

Usted probablemente me ha oído decirlo varias veces. En la mayoría de los casos si a alguien no se le paga, esta persona no puede apoderarse de las cosas. Tienen que ir a la corte y demandarlo a usted. Pues bien, desafortunadamente, hay una gran excepción a esto.

Un mecánico tiene un gravamen en su auto, cada vez que lo repare. Hasta que usted pague, no tiene que devolvérselo. Y si usted paga con un cheque que no es bueno, o si usted para el pago del mismo, el mecánico tiene el derecho de entrar en posesión de su auto.

El mecánico no puede tomar el auto a la fuerza, pero puede hacer que un re-poseedor venga a media noche y se lo lleve. Parece, por lo tanto, que el mecánico tiene el derecho de entrar en posesión de su auto.

La pregunta más dura es ¿cuáles son sus derechos en relación con los cargos del reposeedor que le cobró $350 por tomar el auto y conservarlo hasta que usted pagara?. Hasta este momento en que este libro se escribe, tal parece que el reposeedor tiene el derecho de conservar el auto hasta que usted pague, pero él será responsable si actúa en una forma poco razonable, por ejemplo, al cobrarle a usted un precio injusto. El reposeedor como toda persona que proporcione un servicio, garantiza, que lo hará en la forma que lo haría un buen trabajador, y de acuerdo con la ley contra prácticas engañosas en el comercio, él pudiera ser culpable si hubiese cobrado un precio excesivo en grado mayor. Si usted encuentra o se entera que el precio que ordinariamente se cobra por ese tipo de servicios, es por ejemplo $100, yo consideraría el presentar una demanda en la corte de reclamaciones menores por violación de la DTPA (Vea el capítulo 10).

Divorcio y Custodia de los Hijos

HAY pocas cosas en la vida de una persona tan traumática como un divorcio. No importa quien lo desea, o si están de acuerdo ambas partes, un divorcio es siempre algo muy difícil de enfrentar y cuando hay niños el divorcio es más complicado, sicológica y legalmente. En la mayoría de los casos las personas que van a divorciarse serán representadas por un abogado y las preguntas legales serán contestadas por esa persona. Saber un poco sobre la ley antes de ver al abogado, puede ayudarlo a entender el proceso que va a afectarle a usted tan seriamente. Por ejemplo: ¿Cuánto tiempo va a tardar? ¿Qué va a pasar? y ¿qué factores pueden simplificar o complicar el proceso?

Finalmente, como con cualquier otro servicio legal, que requiere la ayuda de un abogado, le recomiendo que investigue antes de contratar uno. No hace mucho yo ofrecí un reportaje sobre lo que cobran los abogados. Llamamos como a 30 abogados a rumbo por la guía telefónica, le preguntamos a todos lo que cobraban por el mismo servicio legal. El precio iba desde $45 a $700.

La moraleja es simple, por procedimientos legales comunes, así como un divorcio simple, averigue primero y compare precios. Usted se sorprenderá de cuánto dinero se puede ahorrar.

¿Cuánto tiempo tenemos que vivir juntos para que esto se considere un matrimonio de hecho o de common law? "Un segundo".

Querido Señor Alderman:
Mi amigo y yo hemos vivido juntos por cerca de seis años. Nos queremos mucho, pero no queremos casarnos. La semana pasada uno de mis amigos me dijo que si hemos vivido juntos por siete años ya es un matrimonio de hecho o de common law, quisiéramos nosotros o no. Esto nos preocupa. ¿Debemos de vivir separados por

un tiempo? ¿Tiene valor si ponemos por escrito que no estamos casados? ¿Qué podemos hacer?

Ustedes puede ser que no tengan que hacer nada. Vivir juntos por cualquier período de tiempo no es suficiente para tener un matrimonio de hecho. Para tener este tipo de matrimonio, en Texas tiene que hacer tres cosas: Tienen que estar de acuerdo para casarse, comportarse públicamente como casados, y vivir juntos. Sólo vivir juntos no es suficiente. Una vez que usted acepta que quiere casarse y se comportan fuera como casados (por ejemplo: usando los títulos de señor y señora), desde el momento que viven juntos ustedes son marido y mujer, por la ley de Texas). Ahora bien, si ustedes conservan sus propios nombres y le dejan saber a la gente que no son casados, pueden vivir juntos toda la vida y probablemente no tengan un matrimonio de hecho o de common law.

Si usted no quiere que la consideren casada, asegúrese de tomar todos los pasos necesarios para mantener sus identidades separadas y que la gente sepa que no son marido y mujer.

Si usted decide casarse, yo le recomiendo que tenga una ceremonia civil o religiosa para terminar cualquier duda sobre su relación.

¿Existe un divorcio para el matrimonio de hecho o de "common law"? "Algo así".

Querido Señor Alderman:
Yo viví con un hombre por cinco años. Durante ese tiempo probablemente fuimos un matrimonio de hecho o de common law. Nos separamos hace como seis años y yo consideré que yo estaba soltera y libre para casarme otra vez. Ahora estoy preocupada. Yo creo que le oí decir a usted que no existía el divorcio para un matrimonio de hecho o "common law". ¿Tengo que ir a la corte para divorciarme y volver a casarme?

Hasta hace poco no había eso de divorcio de un matrimonio de hecho o de common law. Si usted tenía un matrimonio de hecho, usted estaba casada hasta que usted obtuviera su divorcio. Sin embargo en 1989 la legislatura cambió la ley. Ahora un matrimonio de hecho debe de ser declarado válido en el término de un año después que termina la relación, o la acción será desestimada por la ley. En otras palabras, si usted no reafirma la validez del matrimonio en el término de un año, hay en efecto un divorcio de hecho o de common law. En su caso, como usted se separó hace seis años, esta ley evita que cualquiera de las dos partes vaya a la corte a probar un matrimonio de hecho.

¿Puedo recibir pensión o alimony?
"No, únicamente que su esposo esté de acuerdo".

Querido Señor Alderman:
Yo he estado casada por quince años. La mayor parte del tiempo yo fui lo que usted llamaría una ama de casa. Por supuesto para mí fue un trabajo completo. Aunque nunca hemos hablado de eso, creo que estaba sobre entendido, que mi esposo trataría de terminar su carrera, mientras yo no seguía la mía para criar mi familia. Como usted ya puede imaginarse, ahora que nuestro hijo tiene 13 años, mi esposo se fue y quiere el divorcio. Yo he empezado a buscar un trabajo, pero no es muy fácil, y no tengo mucho entrenamiento. Me gustaría regresar a la universidad y terminar mis estudios, pero no puedo afrontar esos gastos. Si nos divorciamos, ¿podré recibir una pensión que me ayude a vivir y terminar mi carrera?

Desafortunadamente, creo que no. Texas, es el único estado donde la pensión por una orden de la corte no es permitida. Su esposo puede acordar darle a usted una pensión y ese acuerdo puede hacerse cumplir, pero si él no lo hace, la corte no puede ordenarlo. Como dijimos en el capítulo dieciocho, Texas es un estado de bienes "comunes", y cuando se disuelve un matrimonio, por muerte o divorcio la propiedad se divide por las reglas de bienes comunes. La pensión no es permitida, porque por lo menos en teoría, cada parte ya tomó la mitad de lo que adquirieron y ambos esposos van a salir "parejos".

Por supuesto la falsedad en esta regla es que ambas partes puede que no tengan, igual capacidad para continuar ganando dinero.

Como usted no ha trabajado, usted probablemente ganará menos que su esposo y tendrá que emplear mucho tiempo y dinero entrenándose. La legislatura de Texas, ha considerado cambiar la ley, para permitir pensión en esos casos, pero hasta ahora todas las proposiciones han sido rechazadas.

Su esposo, sin embargo, tendría que pagar una pensión por el niño. De acuerdo con la ley ambos padres están obligados a mantener a su hijo. La tabla en las páginas 65 a 71 explica cómo será computada la pensión.

Mi ex-esposo tenía que pagar las deudas.

Ahora me vienen a cobrar a mí. ¿Pueden hacerlo?
"Un decreto de divorcio es entre su esposo y usted".

Querido Señor Alderman:
Mi esposo y yo nos divorciamos hace un año. En nuestro ajuste, él acordó pagar todas las deudas, incluyendo una hipoteca en la casa. El pagó algunas pero no ha pagado la hipoteca. Debo decirle que a él le dieron la casa, y vive en ella. Ahora la compañía hipotecaria quiere que yo pague. Yo les envié una copia del decreto de divorcio, pero ellos dicen que eso no importa.
¿Cómo puede ser eso? Yo creí que mi esposo estaba obligado a pagar. ¿Pueden ponerme un pleito y hacerme pagar?

Desafortunadamente, la respuesta es, probablemente sí. Aunque en su decreto de divorcio, su esposo acordó pagar la hipoteca, si no lo hace, usted está todavía obligada. Esto es igual con cualquier deuda en que usted haya incurrido cuando usted estaba casada.

La razón es que cuando usted incurrió en esa deuda, usted y su esposo formaron parte de un contrato con el acreedor en que usted prometió pagar. Cuando usted se divorció usted participó en un acuerdo entre usted y su esposo determinando quién pagaría qué. Ese acuerdo no es entre usted y el acreedor. En efecto, su esposo ha acordado pagar lo que usted le debe a su acreedor. Si él no lo hace el acreedor viene a usted y usted tiene que exigirle a su ex cónyugue.

Finalmente el decreto de divorcio no sólo afecta las relaciones entre las partes del matrimonio. No exonera a ninguna de las partes de las obligaciones existentes. La mejor manera de protegerse contra esto es estar seguro que todas las deudas se paguen completamente antes del divorcio o hacer que el acreedor esté de acuerdo, por escrito. Si usted confía que su ex-cónyugue va a pagar, y él o ella no paga, usted tiene que hacerse cargo de la cuenta.

¿Cuánto es lo que se debe recibir de pensión por el niño?
"No hay una cantidad fija".

Querido Señor Alderman:
Yo he estado casada por siete años. El mes pasado mi esposo me dejó. Yo he decidido presentar el divorcio, y yo estaba pensando qué cantidad podría lograr que mi esposo me pague para el niño. El tiene muy buen trabajo y me dejó con muy poco. Yo le pregunté cuánto me daría y él me dijo: "Lo menos que yo pueda, tendré una nueva familia pronto y necesito el dinero". Esto no parece justo. Yo

creo que mis hijos deben de recibir antes que su "nueva familia"
¿Qué dice la Ley?

Hasta hace poco no había ninguna guía a seguir sobre cuánto debía pagar un esposo para el mantenimiento del hijo. El juez miraba todos los datos del caso y hacía lo que él o ella creía justo. Sin embargo, recientemente la Corte Suprema de Texas ha adoptado unas guías a seguir respecto a lo que se debe pagar de pensión al hijo. Aunque estas guías no son obligatorias en la corte, le pueden dar una buena idea de cuánto le corresponde a usted. A continuación le doy lo más relevante de esas guías.

Guía de pensiones para los hijos

Regla 1 - Autoridad.
Estas reglas son adoptadas en cumplimiento de la Constitución de Texas. Artículo 5, Sección 31. Sección del Código de la Familia de Texas 14. 5(a) y Sección del Código del Gobierno de Texas 22.004.

Regla 2 - Propósito.
Las guías contenidas en esta regla son para guiar a las cortes del estado a determinar cantidades equitativas en pensiones alimenticias para los hijos, en todas las demandas que afecten la relación entre padre e hijo, incluyendo sin limitaciones, acciones que comprendan divorcio, modificación, paternidad y legitimación y en cualquier procedimiento presentado por una acción de apoyo recíproco. Para determinar la cantidad de la pensión alimenticia de un hijo, la corte debe considerar todos los factores apropiados, incluidos pero no limitados a:

(a) estas guías;
(b) las necesidades del niño
(c) la posibilidad de los padres para contribuir a la pensión del niño
(d) cualquier recurso financiero disponible para la pensión del hijo
(e) la cantidad de tiempo que se pasa con el hijo y el acceso al hijo.

Regla 3. Establecimiento de cualquier orden de pensión alimenticia a hijos.

(a) Una orden de pensión debe de estar basada, en parte en los "recursos netos" del beneficiario y el obligado, que serán consideradas por la corte, junto con otros factores mencionados en la lista de estas guías.

(b). "Recursos Netos" con el propósito de determinar la responsabilidad de pensión para el hijo, debe incluir el 100% de toda entrada por jornal o salario o cualquier compensación por servicios personales (incluyendo comisiones, propinas, y bonos), intereses, dividendos, derechos de regalías (royalties) entradas del que trabaja por cuenta propia, rentas (se define la renta después de deducir los gastos de operaciones y pagos de la hipoteca) pero no se incluye lo que no es en efectivo como la depreciación y cualquier otra entrada incluyendo pero no limitada a compensación por terminación de empleo, pensión, ingresos de fideicomisos, beneficios de una sociedad, renta o pensión anual, ganancias de capital, beneficios del seguro social, beneficios de desempleo, compensación laboral por incapacidad, regalos y premios después de restar los impuestos del seguro social y del impuesto federal de una persona soltera que reclama una exención y las deducciones acostumbradas, gastos por seguros de salud por el niño del obligado.

Los recursos netos no incluye los beneficios por ayuda a las familias con niños que dependen de ellos, esto no incluye tampoco el mantenimiento o alimentos a niños que se reciban de otra fuente.

Los ingresos por trabajos por cuenta propia incluye lo que se le asigne a un individuo de un negocio o empresa que tenga la forma de empresa individual o sociedad colectiva, o una empresa o actividad en sociedad o una corporación cerrada, descontando los gastos ordinarios y necesarios que se requieren para la producción de ese ingreso, pero excluye las cantidades que permite el servicio de rentas internas (IRS) tales como depreciación, créditos de impuestos o cualquier otro gasto de negocio que la corte que juzga determine que no es apropiada para la determinación de los ingresos, con el propósito de calcular el mantenimiento del hijo.

(c) Estas guías dan por sentado que la corte le ordenará al obligado que proporcione seguro para el cuidado de la salud al niño, sujeto en el juicio, además de la cantidad por mantenimiento calculada, siguiendo estas guías. Si la corte ordena en la orden en que se fija el mantenimiento del hijo, que el obligado debe mantener cobertura de seguro de salud para el niño a expensas del obligado, la corte puede incrementar la cantidad de mantenimiento del niño a pagarse por el obligado, en una suma que no exceda, el gasto total que el obligado tiene por mantener la cobertura del seguro de salud.

(d) La corte puede considerar cualquier factor o factores adicionales que aumentan o disminuyan la posibilidad (económica) del obligado para hacer los pagos del mantenimiento de hijo. Cuando sea apropiado, para determinar los "recursos netos" con que se cuenta para el mantenimiento del hijo, la corte puede asignar un valor monetario razonable de "ingreso" atribuibles a bienes, que aunque en el presente no produzcan ingresos, o a bienes productores de ingresos que se han transferido voluntariamente, o la reducción en ganancias, que tienen el efecto de reducir los ingresos netos, disponibles a la corte.

(e) Si el ingreso actual del obligado, es significativamente menor de lo que el obligado pudiera ganar, porque el obligado está voluntariamente desempleado o empleado por debajo de sus cualificaciones, la corte puede ampliar estas guías a la potencialidad de ingresos del obligado.

(f) La corte puede, pero no está obligada a aplicar estas guías, en casos de mantenimiento de niños en forma temporal.

(g) Estas guías se deben aplicar, sin importar, el género o sexo del obligado o del que es el beneficiario de la obligación.

(h) Estas guías, no se aplican si las partes, con la aprobación de la corte, acuerdan una cantidad de mantenimiento del hijo, diferente de la que se establece en estas guías.

Regla 4. Factores de Evidencia.

Al aplicar los principios fijados en las reglas 1 y 3 de estas guías, la corte puede fijar la cantidad de mantenimiento del hijo, dentro o fuera de la gama o límites que recomienda la regla 5. Al hacer esta determinación, la corte debe considerar todos los factores relevantes, incluyendo, aunque no limitados a:

(a) La cantidad de los recursos netos del obligado, cuando estos recursos netos exceden los $1,600 mensuales.

(b) La edad y las necesidades del hijo.

(c) Los gastos de cuidado del niño, en que incurra cualquiera de las partes para mantener un empleo remunerado.

(d) Si cualquiera de las partes tiene la custodia o patria potestad física de otro niño.

(e) La cantidad por mantenimiento de un hijo que actual y corrientemente esté pagando el obligado, por otra orden de mantenimiento.

(f) Si el obligado o el beneficiario de la obligación tienen un automóvil, vivienda, o cualquier otro beneficio proporcionado por el empleador, otra persona, o una entidad de negocios.

(g) La cantidad de otras deducciones de los ingresos por salarios o de otra compensación por los servicios personales de las partes.

(h) El proporcionamiento de seguro para el cuidado de la salud y los pagos de los gastos médicos no asegurados;

(i) Extraordinarios gastos por cuidado de la salud de las partes o del niño y

(j) Cualquier otra razón o razones, que sean consistentes, con los mejores, intereses del niño, tomando en consideración las circunstancias de los padres.

Regla 5. Guías: Cantidades que se ordenan.

GUIAS PARA MANTENIMIENTO DE HIJOS. BASADAS EN LOS RECURSOS NETOS MENSUALES DE LAS PARTES.

1 niño	19 al 23% de los recursos netos del obligado.
2 niños	24 al 28% de los recursos netos del obligado.
3 niños	30 al 39% de los recursos netos del obligado.
4 niños	35 al 39% de los recursos netos del obligado.
5 niños o más	No menos de la cantidad para 4 niños.

Estas guías se han establecido específicamente para aplicarse a situaciones en que los recursos netos del obligado son de $4,000 mensuales o menos. En las situaciones, en las que los recursos netos del obligado excedan los $4,000 mensuales, la corte puede aplicar el porcentaje contenido en la regla 5, a los primeros $4,000 mensuales, de los recursos netos del obligado, y sin más referencias a los porcentajes recomendados en estas guías, puede ordenar, cantidades adicionales para el mantenimiento de los hijos como sea apropiado, de acuerdo con el estilo de la familia, los ingresos de las partes, y las necesidades del niño o niños.

Regla 6. Modificaciones de órdenes anteriores.

(a) La corte puede considerar estas guías, para determinar, si ha habido un cambio substancial de circunstancias, de acuerdo con el Código de Familia de Texas, artículo 14.08 (c) (2) que requiera que se modifique la orden existente de mantenimiento del o de los niños.

(b) Además de los factores cuya lista se ha establecido en estas guías, la corte puede considerar otros factores relevantes al determinar si se debe modificar, una orden de mantenimiento de hijos existente, incluyendo, aunque no limitado a:

(1) los recursos netos del nuevo esposo o esposa de cualquiera de las partes, ya sea el obligado o el beneficiario de la obligación y

(2) la obligación de alimentos o mantenimiento que se le debe a un hijo que nació después o que fuera adoptado después.

¿Necesito un abogado para presentar una demanda de divorcio? "No, pero tenerlo puede simplificarle la vida".

Querido Señor Alderman:
Mi esposa y yo hemos decidido que nuestro breve intento de matrimonio no va a funcionar. Sabemos que Texas es un estado con el sistema "sin culpa o falta", y por eso no hay ningún problema para obtener un divorcio, pero no tenemos mucho dinero extra y no podemos gastar una fortuna en honorarios de abogados. No tenemos hijos, y hemos acordado cómo vamos a dividirlo todo. ¿Es legal hacer nuestro propio divorcio y cree usted que podemos manejarlo nosotros mismos?

Cualquier persona puede representarse a sí mismo ante la corte. Ahora, que usted deba hacerlo, es otra cuestión. Aunque un divorcio simple, no es complicado, cualquier intento de practicar el derecho por una persona lega puede ser difícil y hay muchas trampas en la que el aficionado pueda caer. Hay, sin embargo, varios libros en el mercado, que le ayudan a usted paso a paso a través de un divorcio. Usted puede darles una ojeada y ver si usted cree que puede hacerlo.

En mi opinión, es mejor, preguntarle a varios abogados y encontrar alguno que le lleve el caso de divorcio por poco dinero. Hay muchos abogados competentes que le harían un divorcio sencillo por unos pocos cientos de dólares como honorarios. Me doy cuenta que esto es más caro que comprarse un libro y hacerlo usted mismo, pero con un abogado se asegura que el divorcio se hará apropiadamente, y usted puede ahorrar suficiente tiempo, para que esto le resulte bien. De nuevo, lo importante, es tantear el mercado y obtener precios de varios abogados, antes de hacer su selección.

¿Tengo que vivir en Texas, para divorciarme allí?

"¡Sí!".

Querido Señor Alderman:
Estoy en el proceso de irme a vivir a Texas. Vengo sin mi esposa.
Hemos decidido divorciarnos pero ninguno de los dos ha visto a un
abogado o ha presentado demandas. Yo no viviré en Texas hasta
dentro de dos meses a partir de hoy, pero me gustaría echar a
andar el asunto del divorcio. ¿Puedo presentar la demanda en
Texas ahora?

No. Para presentar un divorcio la corte ante la que usted la presenta tiene que tener lo que se llama "jurisdicción". Es un término legal que significa que la corte tiene el poder de oir su caso y de hacer una decisión. En el caso de un divorcio, una corte solamente, tiene jurisdicción, si usted ha estado domiciliado en el estado por los seis meses anteriores, a la presentación del divorcio, y si ha sido residente del condado, donde usted lo presenta, por noventa días. En otras palabras, si usted quiere obtener un divorcio en Texas, usted tendrá que esperar hasta que usted haya hecho de Texas su hogar permanente por seis meses. Luego, usted presenta la demanda, en el lugar donde haya vivido por los últimos 90 días. Si usted quiere obtener un divorcio en menos tiempo, probablemente debe presentarlo, en el estado en que vive ahora.

¿Cómo puedo lograr que mi esposo
pague el mantenimiento de mi hijo?
"A él lo pueden echar a la cárcel".

Querido Señor Alderman:
He estado divorciada por cinco años. Tengo dos niños, de 7 y 9 años
de edad. Se supone que mi esposo pague el mantenimiento de mis
hijos cada mes, pero no ha pagado por los últimos tres meses. El
dice que tiene muchas cuentas y que no puede hacerlo. Yo sé que él
tiene otras obligaciones, pero necesito el dinero para mantener a
los niños. ¿Qué puedo hacer?

A excepción, de la mayoría de las deudas, las obligaciones del mantenimiento de los hijos se pueden hacer valer legalmente con mucha fuerza en Texas. Si la persona no paga, como se le ha ordenado, se le pueden embargar los salarios, por la corte, y en algunos casos, hasta se le puede echar a la cárcel hasta que pague. Todo esto, sin embargo, tendrá que hacerse por medio de las cortes, usualmente, con la ayuda de un abogado.

Usted pudiera hablar con el abogado, que le llevó el divorcio y preguntarle si él o ella pueden ayudarle. Otra alternativa es ponerse en contacto con la División para hacer cumplir el Mantenimiento a niños en la oficina del Procurador general de Texas al teléfono 1-800-252-3515. Su trabajo consiste en ayudar en hacer cumplir las leyes de mantenimiento de niños. Usualmente, una vez que su esposo entienda las consecuencias que tiene el no pagar, comenzará a pagarle.

¿Qué debo mostrar para obtener un divorcio? "Simplemente, que ustedes, no se llevan bien".

Querido Señor Alderman:
Mi esposo y yo hemos tenido problemas por varios años. Parece que lo único que hacemos es pelear. Finalmente, hemos decidido, que no somos el uno para el otro y que debemos divorciarnos. Nadie en mi familia se ha divorciado y no sabemos mucho sobre esto. Mi primera pregunta, ¿es que tenemos que probar para terminar nuestro matrimonio? ¿Tengo que decir que él cometió adulterio o me pegó?

Ya eso no es necesario. Antes, era necesario, para obtener un divorcio que se probara crueldad, adulterio, abandono, o que se había vivido separados por tres años. Esto ya no es necesario. La ley le permite a la corte que conceda el divorcio si se muestra que:

el matrimonio se ha convertido en algo insoportable debido a la discordia o conflicto de personalidades, que destruye los fines legítimos a la relación matrimonial y previene cualquier expectativa razonable de reconciliación.

Lo que estas palabras del lenguaje legal significan es que Texas es ahora un estado de "Divorcio sin culpa o sin falta". Usted puede obtener un divorcio, probando simplemente que no se lleva bien con su cónyuge. No es necesario probar que ninguna de las partes hizo algo malo, o explicar por qué no pueden seguir casados. En realidad, si una parte no quiere seguir casada, y la otra sí, esta diferencia, es suficiente para que la corte conceda el divorcio.

Me acabo de divorciar.

¿Cuándo me puedo volver a casar?
"En treinta días"

Querido Señor Alderman:
Mi divorcio finalizó el año pasado. Mi esposo y yo hemos estado
viviendo separados por más de dos años y yo he estado saliendo con
otro hombre desde hace casi un año. El quiere casarse pero dice que
hay que esperar un año después de un divorcio. Yo quiero casarme
ahora mismo. ¿Tengo que esperar un año?

No. De acuerdo con la ley de Texas, usted se puede volver a casar a
los treinta días de decretado el divorcio. En realidad, en algunos casos,
se puede casar antes. Por ejemplo, si usted se quiere casar con su
propio esposo no hay período de espera. También, en circunstancias
especiales, una corte, puede dispensar la prohibición de los treinta
días si se lo solicitan.

En otras palabras, si él realmente se quiere casar con usted, lo más
que tiene que esperar es treinta días.

CAPITULO OCHO

Ventas a Domicilio

TRADICIONALMENTE hay pocos vendedores tan persuasivos como los que van de puerta en puerta. Todos hemos oído las historias de la persona que le compró una aspiradora de alto precio, o el juego de enciclopedias al vendedor de habla suave, y de movimientos rápidos, sólo para descubrir más tarde que el precio era demasiado alto, o que lo que compró no era necesario.

Las ventas a domicilio, sin embargo, proporcionan una buena alternativa a las personas que no pueden salir a comprar, o que, debido a sus obligaciones deben permanecer en el hogar durante el día. Para muchos es práctico y conveniente comprar en la propia casa.

Por eso, ¿cómo balanceamos el problema de las ventas con presiones altas con la conveniencia de las compras a domicilio? La respuesta alcanzada por el Congreso y por la Legislatura de Texas es la misma. Aprobar una ley que quiere que las personas que venden a domicilio, le den a usted la oportunidad de arrepentirse y cambiar de opinión. En Texas esta ley se llama "**La ley de solicitudes de ventas a domicilio**".

> **Los libros parecían como una buena idea,**
> **pero ahora no los quiero.**
> **¡Pido ayuda!,**
> **"La ley de ventas a domicilio le dan a usted tiempo**
> **para cambiar de opinión".**

Querido Señor Alderman:
El otro día estaba sentado en mi casa, cuando sonó la campani-
lla de la puerta. Un hombre de buena apariencia, bien vestido, me
preguntó que si podía entrar y hablarme sobre un programa que
ayudaría a mis hijos con sus estudios. Le dije que estaba bien y
después de una hora, acordé comprarle un juego completo de
libros. Me prometió, que eso ayudaría a mis hijos con sus estudios
y que estaba aprobado por la Junta de Educación. Después que él

*se fue, hablé con mi vecino y me enteré que lo que él había dicho era
verdad, pero que la biblioteca de la escuela, le podía prestar, sin
costo, los libros a mis hijos. Yo realmente no quiero los libros. ¿Qué
puedo hacer? El fue tan agradable y persuasivo que no le pude
decir que no. Creo que aprendí una lección: "No hablar con
vendedores a domicilio".*

Usted, a lo mejor, no ha aprendido la lección que cree. La lección que
usted debe aprender es que de acuerdo con la ley, *usted tiene tres días,
para cambiar de opinión, y romper un contrato que se hizo en su casa.*
Las dos leyes, la federal y la de Texas, establecen que un vendedor ha
violado la ley y usted podrá cancelar la compra y no tendrá nada que
pagar.

Por lo tanto, ¿qué tiene usted que hacer? Si pagó, en efectivo, puede
que tenga un problema. Trate de ponerse en contacto con la compañía
y demande que le devuelvan su dinero. Si no se lo devuelven puede ir
a la corte de reclamaciones menores. Si pagó, por medio de un cheque,
vaya al banco, inmediatamente y pare el pago del cheque. Si el cheque,
ya ha sido cambiado, usted está en la misma situación, que si hubiera
pagado en efectivo. Si usó una tarjeta de crédito, dígale a la compañía
que usted no va a pagar la cuenta y explíquele por qué. La compañía
de la tarjeta de crédito está en la misma situación legal que el
comerciante y no puede cobrar porque el comerciante ha violado la ley.

Si usted no obtiene la devolución de su dinero, póngase en contacto
con la oficina del Fiscal General del Estado y reporte a la compañía y
al vendedor. Usted también puede hacer gestiones para recuperar su
dinero y si usted gana en la corte usted puede recobrar su dinero de
acuerdo con la Ley de prácticas comerciales engañosas porque una
violación de la ley de solicitudes de ventas a domicilio es automáticamente una violación de la Ley de prácticas comerciales engañosas.
Lea el capítulo 10 y usted verá cómo obtener una compensación
substancial por daños y perjuicios.

*Tenga cuidado cuando haga tratos con los vendedores que van de
puerta en puerta y no les pague en efectivo o con un cheque, a menos
que usted esté absolutamente seguro que usted quiere la mercancía. Y
recuerde, de acuerdo con la ley todos los contratos de ventas a
domicilio, deben tener impreso en ellos lo siguiente:*

NOTA DE CANCELACION

(Ponga el día del contrato)

Usted puede cancelar este contrato o negociación, sin ninguna penalidad u obligación, dentro de los tres días hábiles siguientes a la fecha, puesta más arriba.

Si usted cancela, cualquier propiedad entregada, cualquier pago hecho de acuerdo con este contrato o venta o cualquier instrumento negociable expedido o firmado por usted, será devuelto a usted dentro de los 10 días hábiles siguientes a la fecha en que el comerciante recibió su noticia de cancelación, y cualquier garantía o seguridad, que provenga de esta negociación, será cancelada.

Si usted cancela, usted debe poner a la disposición del comerciante, en su propia residencia, substancialmente en la condición, en que usted la recibió, cualquier mercancía entregada a usted, de acuerdo con el contrato o venta; usted si así lo desea puede cumplir con las instrucciones del comerciante en relación con la devolución de la mercancía por cuenta y riesgo del comerciante.

Si usted no acuerda devolverle la mercancía al comerciante o si el comerciante no la recoge, dentro de los 20 días siguientes a la fecha de la nota de cancelación, usted puede retener o disponer de la mercancía, sin tener ninguna obligación adicional.

Para cancelar esta negociación, envíe por correo, o haga entrega de esta nota de cancelación, o mande un telegrama a (nombre del comerciante) a (dirección del comerciante, en su lugar de negocios), no más tarde de la medianoche del (fecha).

Por medio de la presente cancelo esta negociación.

(Fecha)
_____

(Firma del comprador)

CAPITULO NUEVE

Empleos

P ARA la mayoría de nosotros, no hay nada más importante, para nuestro bienestar económico que conservar un empleo. Los que han perdido un empleo, saben lo devastador que es, y los que no lo han perdido se pueden imaginar lo que es. Desafortunadamente, los tiempos han sido muy duros en Texas, últimamente, y más y más personas han empezado a escribir con preguntas sobre sus trabajos. Por ejemplo ¿"cuándo me pueden despedir" y "qué derechos tengo si me despiden?" Desafortunadamente, como usted verá, Texas no es un estado para los empleados.

No tengo un contrato. ¿Cuándo me pueden despedir? "Probablemente cuando su jefe quiera".

Querido Señor Alderman:
He estado trabajando en el mismo empleo por cerca de dos años. Nunca he tenido un contrato y realmente creo que no necesito uno. Es una compañía pequeña y todo el mundo confía en que todos los demás serán justos. Recientemente uno de mis amigos vino a trabajar y le dijeron "vete a casa, estás despedido". En lo que yo sé, él estaba haciendo su trabajo bien y no había razones para despedirlo. Creo que la compañía había decidido que podía funcionar sin él. Ahora tengo miedo de ser el próximo. ¿Cuáles son mis derechos? ¿Estoy seguro en mi empleo siempre que haga bien mi trabajo y no viole las reglas de la compañía?

No necesariamente. Texas es básicamente "un estado de empleo a voluntad". Esto quiere decir, que a usted lo pueden despedir sólo con la voluntad del patrón, y también que usted, por su propia voluntad puede renunciar a su empleo. A menos que usted tenga un contrato o un acuerdo del sindicato obrero, la compañía lo puede despedir a usted, sin darle noticia y sin ninguna razón. La otra parte de la moneda, es que usted puede renunciar de la misma forma. Aunque algunos estados han cambiado esta doctrina, la doctrina de "empleo a voluntad" gobierna en Texas, por lo menos por ahora. Debo apuntar, sin embargo, que esta no es una regla absoluta. La Corte Suprema de Texas ha encontrado por lo menos una excepción, a usted no lo pueden despedir por no cometer un acto ilegal y pudiera estar dispuesto a encontrar otras. También se puede encontrar un contrato de diferentes maneras, y usted pudiera tener un contrato tácito u oral con la compañía que le prohiba a ésta despedirlo sin causa. Generalmente, sin embargo, a usted se le puede despedir simplemente porque la compañía no lo quiera a usted allí.

Se debe mencionar un punto final. En todos los casos, las leyes pueden cambiar y es importante que usted revise para asegurarse que el consejo que aquí le doy esté al día. En el caso de la ley de empleo, sin embargo es muy importante que lo haga, porque es un área de la ley que está cambiando en forma rápida. Si se presenta un problema, usted debe ponerse en contacto con un abogado para asegurarse de que no ha habido nuevos cambios en esta área.

Creo que me despidieron por mi edad.
¿No hay una ley sobre esto?
"La Ley prohibe ciertas discriminaciones".

Querido Señor Alderman:
Tengo 62 años de edad, y aunque no creo que soy muy viejo, mi jefe sí lo cree. Ella tiene solamente 34 años y piensa que soy muy viejo para tratar con los clientes. Recientemente me dijo que fuera a trabajar al cuarto almacén o que renunciara. Yo hago bien mi trabajo y la única razón por lo que ella me quiere en la parte de atrás es por la "imagen" que ella tiene de la tienda. ¿Es esto legal? He trabajado durante toda la vida y esto no me parece justo.

No parece justo y tampoco parece legal. De acuerdo con la ley federal es ilegal discriminar por razón de edad contra cualquier persona que tenga más de 39 años. La mayor excepción es cuando el empleador puede establecer que para una tarea particular, la edad es una cualificación legítima. En su caso, no parece que esa sea la situación.

Si usted cree que lo han discriminado por razón de edad, debe ponerse en contacto con la Comisión de Igualdad de Oportunidades al 1-800-872-3362.

¿Me pueden forzar a tomar un examen de drogas? "Probablemente".

Querido Señor Alderman:
Trabajo en una compañía pequeña que fabrica piezas usadas en motores. Mi trabajo consiste en empaquetar el producto terminado y en los seis años, en que he trabajado aquí no he tenido problemas para hacer bien mi trabajo. Se que esto a lo mejor no suena muy bien, pero el trabajo es tan sencillo, lo pudiera hacer dormido o borracho. (Que puede que haya estado en ocasiones), la semana pasada la compañía dijo que todo el mundo tenía que tomar un examen de drogas. El que rehuse será despedido. ¿Es esto legal? Yo no uso drogas, pero esto no parece justo. ¿Tengo yo algún derecho constitucional para rehusar el tomar dicho examen?

Hasta este momento, un empleador privado en Texas, probablemente tenga el derecho de forzar a sus empleados a que tomen un examen de drogas, y despedirlos si no lo hacen. Esto es el resultado de la doctrina de "empleo a voluntad" que tratamos en la primera carta.

Como a usted lo pueden despedir sin ninguna razón, se deduce que también lo pueden despedir, por cualquier razón, incluyendo rehusar tomar un examen. Este asunto, sin embargo, esta en las cortes y el Congreso también esta considerando, prevenir este tipo de examen de drogas. Pero, hasta la fecha, usted tendrá que tomar el examen o arriesgarse a perder el empleo.

La misma regla no se aplicaría, sin embargo, si usted está empleado por un empleador público, como el correo, o el departamento estatal de vehículos de motor. En el caso del empleado público o del gobierno, el derecho constitucional a la privacidad lo protege. La prueba de drogas, usualmente, sólo se puede hacer en ciertas y limitadas circunstancias. Sin entrar en muchos detalles, las entidades del gobierno sólo pueden hacer el examen de drogas si pueden justificar quién va a ser sometido a la prueba (por ejemplo, si es alguien que va a poner en peligro a otros o a sí mismo, si está incapacitado); ¿cuándo se hará el examen? (por ejemplo hay una sospecha razonable que la persona esté usando drogas), ¿cómo se llevará a cabo el examen o exámenes? (por ejemplo, ¿se usó el examen más preciso?) y ¿qué se hizo con el resultado? (por ejemplo, el hacer pruebas o exámenes se pueden autorizar con mayor facilidad y prontitud si a la persona se le rehabilita, y no se le despide).

¿Me pueden forzar a tomar una prueba
de detector de mentiras?
"Probablemente, no".

Querido Señor Alderman:
Recientemente solicité un empleo y se me pidió que tomara una
prueba de detector de mentiras. Yo rehusé y se me dijo que buscara
(empleo) en otra parte. No tengo nada que esconder, pero yo no
tengo confianza en esas cosas. ¿Es esta una practica común?
¿Tengo algunos derechos de acuerdo con la ley?

Lo que le pasó a usted probablemente es ilegal. De acuerdo con una
ley federal reciente, es básicamente ilegal que un empleador le pida
a un empleado o posible empleado, que tome una prueba del detector
de mentiras. También es ilegal el rehusar emplear o despedir a
alguien porque él o ella rehusen tomar este examen. La ley establece
penalidades criminales y civiles para el empleador que viole la ley.

Hay, sin embargo, una limitada excepción a esta ley. A un empleado
se le puede pedir que se someta a una prueba del detector de mentiras,
si ésta forma parte de una investigación que se está haciendo, con
relación a pérdidas económicas o hurtos al empleador. Si el empleador
tiene una sospecha razonable que el empleado está involucrado, se
puede dar la prueba del detector de mentiras. La única otra excepción,
es con respecto a entidades del gobierno, que no están sujetas a esta
ley.

Esta ley es ejecutada y hecha valer por el Secretario de trabajo y
puede ser utilizada por individuos en demandas privadas. Le sugiero
que presente una queja a la oficina de la Secretaría de trabajo
(Secretary of Labor) o que considere una demanda privada si cree que
usted ha resultado perjudicado, como resultado de lo que puede que
sea una práctica ilegal.

El sindicato obrero negoció mi contrato,
pero yo no soy miembro.
¿No es Texas un estado con el derecho al trabajo?
"Sí lo es, pero aún así, el sindicato obrero,
todavía negocia su contrato".

Querido Señor Alderman:
Trabajo para una compañía de mediano tamaño, en el oeste de
Texas. Hace como dos años, hubo una votación en la compañía
sobre unirse a un Sindicato obrero. Yo voté que no y no me hice

miembro. La mayoría de los empleados votaron a favor. Se me dijo, que como Texas es un estado con el derecho al trabajo, no tenía que unirme al sindicato y no tendría que pagar cuotas sindicales. La semana pasada, el sindicato, del que no formo parte, acordó reducir el número de horas extras que se le permite trabajar a los empleados. La compañía estuvo de acuerdo. Ahora, estoy perdiendo dinero. ¿Cómo pudo esto pasar? ¿Cómo un sindicato, al que no pertenezco, puede hacer contratos por mí?. ¿Qué pasó con mi derecho al trabajo?

En un estado con el derecho al trabajo, un empleado, no tiene que hacerse miembro de un sindicato, ni pagar cuotas sindicales, como condición del empleo. El derecho al trabajo, quiere decir derecho al empleo sin tener que unirse al sindicato obrero. Sin embargo, si la mayoría de los empleados votan ser representados por el sindicato, entonces el sindicato es el representante en negociaciones, exclusivo, de todos los empleados, aun los que no son miembros del sindicato o que votaron en contra de la representación por éste. De igual manera, el sindicato, tiene el deber de representar a todos los empleados, en negociaciones de contrato y en agravios o quejas, llevando el interés de todos los empleados. A esto a veces se le llama "dominio de la mayoría, con derechos para las minorías". Lo principal es que el sindicato negocia por usted, a pesar de que usted no es miembro de dicho sindicato.

Trabajo con materiales químicos. ¿Tengo el derecho de saber cuáles son? "Probablemente, sí".

Querido Señor Alderman:
Trabajo para una pequeña compañía que limpia barcos. En el curso de mi trabajo uso una substancia química, que se me da, en un tambor sin marcas. Se me ha dicho que use guantes siempre y tenga mucho cuidado de no derramar dicha substancia sobre mí. Nunca había pensado sobre lo que había en el tambor hasta que fui al médico y me preguntó si yo había estado trabajando con substancias químicas peligrosas. Le dije que no sabía y él me dijo: "Entérese". Cuando le pregunté a mi jefe me dijo "No se preocupe, simplemente use guantes y tenga cuidado". Traté de insistir para que me diera una respuesta, pero él se enojó.   ¿Cómo puedo enterarme sobre lo que hay en dicho tambor? Tengo miedo que me despidan si insisto en saber.

Bajo lo dispuesto por la Ley de seguridad de salud en las ocupaciones (SHA), un empleador tiene el deber de revelar a sus empleados si están trabajando con substancias químicas peligrosas. Esta ley, hecha valer o administrada por el Departamento de Trabajo (Labor Department) tiene una lista de substancias químicas peligrosas, y si usted está trabajando con alguna de estas substancias, se le debe informar. Por otra parte, si la substancia con la que está trabajando no está en la lista, su empleador, no tiene la obligación de informárselo.

La acción de un empleador de no decírselo indica una de estas dos cosas: Que la substancia con la que usted está trabajando no está en la lista y probablemente no es peligrosa, o que él está violando la ley. Si todavía está preocupado, le sugiero que se ponga en contacto con el Departamento de Trabajo (Labor Dept.) y le pida que investigue. Usted debe también saber que la ley lo protege si a usted lo despiden por tratar de enterarse. Un empleador no puede despedir a los empleados que insisten en mantener sus derechos de acuerdo con la ley.

Acabo de renunciar.
¿Puede mi antiguo jefe impedirme que me establezca en un negocio por mi propia cuenta? "Quizás".

Querido Señor Alderman:
Por los últimos cinco años he estado en el negocio de ventas. No estoy satisfecho ahora, en seguir trabajando para una compañía grande y deseo trabajar para una pequeña donde puede tener más futuro. Como mi experiencia es básicamente en un campo, las compañías en las que estoy interesado todas están básicamente compitiendo con mi presente empleador.
Me han dicho que si me voy, no podré encontrar trabajo con ninguna compañía que compita con mi patrón, en los estados del suroeste. Mi empleador me dijo que mi contrato tiene un "acuerdo o cláusula de no competir" que no me permite trabajar con otra persona. ¿Puede esto ser cierto? Yo creía que tenía el derecho de trabajar con el que yo quisiera. ¿Se me puede prevenir que yo me gane la vida?

No puedo darle una respuesta específica a su pregunta porque dependería de lo que dice su contrato y de todos los hechos que hay en relación con su empleo. Sí le puedo decir que hay "acuerdos de no competir" y que estos acuerdos se pueden hacer valer.

De acuerdo con la ley de Texas, un empleador tiene el derecho de hacer un acuerdo con su empleado que prevenga al empleado competir con el empleador después que el empleado termine su empleo. Debido a la dureza de estas cláusulas, solamente se pueden hacer valer si son razonables. Esto quiere decir que el área geográfica y la extensión de la limitación no deben ser sobre-extendidas. La prueba legal es un balance entre los derechos del empleador a ser protegido contra una competencia no razonable por parte de un antiguo empleado y el derecho del empleado a trabajar. Basado en lo que usted dice en su carta, la cláusula, pudiera no ser razonable, debido a que le prohibe a usted trabajar dentro de un área geográfica demasiado ancha. Usualmente, el área de la limitación es menor. Para que la cláusula se pueda hacer valer, su empleador tiene también que mostrar, que debido a la naturaleza del negocio y del conocimiento que usted ha obtenido mientras trabajaba con él, esta restricción es razonable. Si se fuera a establecer una demanda, la corte tendría el derecho de limitar la cláusula a un área geográfica razonable.

Generalmente las cortes no favorecen los acuerdos de no competir. Ellos sin embargo, sirven un propósito legítimo cuando se aplica a situaciones donde los empleados que han recibido un entrenamiento y conocimiento especiales que pueden ser usados en una forma competitiva contra el empleador. En estos casos, la ley, da validez a esos acuerdos siempre que sean razonables.

¿Me pueden despedir porque estoy embarazada?
¿Que hay sobre el permiso de maternidad?
"La ley protege su empleo, pero no le garantiza
un permiso de maternidad".

Querido Señor Alderman:
Tengo seis meses de embarazo. Mi jefe ha dicho cosas que dan a entender que me van a despedir pronto. También me ha dicho claramente que no me va a dar ningún permiso extra cuando tenga a mi niño. Antes de hablar con él quisiera saber mis derechos. ¿Me pueden despedir? ¿Tengo derecho a un permiso por maternidad?

En el momento en que este libro se escribe, la ley le protege el empleo pero no le garantiza ningún permiso. Es ilegal despedir a alguien porque esté embarazada. Usted no tiene derecho a ningún tiempo de licencia después que haya tenido a su bebé. La ley requiere que su empleador trate su ausencia por embarazo de la misma manera que una licencia por enfermedad. Si su compañía tiene una política de ausencias por enfermedad usted tiene derecho a tomar ese tiempo como permiso por maternidad. Usted no tiene derecho a ningún permiso de ausencia especial o tiempo adicional.

Hay en estos momentos una legislación en el Congreso para cambiar esto e imponer una política obligatoria de permiso por maternidad, pero hasta la fecha, nada se ha aprobado. Yo seguiría en contacto con mi senador o representante.

CAPITULO DIEZ

Actos Engañosos
y Falsos

TEXAS tiene una ley que todo consumidor debe saberse de memoria. La Ley de prácticas comerciales engañosas de Texas (**Texas Deceptive Trade Practices Act**). Es una de las más poderosas leyes en el país para la protección de los consumidores. Pero, como usted verá, cubre mucho más de lo que usted piensa. Casi cualquier negociación que usted haga, desde comprar una casa hasta comprar una tostadora en una venta "de garaje", cae dentro de los límites de dicha ley.

La Ley de Prácticas comerciales engañosas tiene una lista de 24 cosas, que se consideran falsas, o engañosas e ilegales. Básicamente todo lo que haga alguien que tenga la potencialidad de engañar esta prohibido por la ley; y aún más importante, la ley es una ley "*sin-falta*".

"Sin falta" quiere decir, en la mayoría de los casos, usted no tiene que tener la intención de violar la ley, para que lo consideren responsable. Por ejemplo, alguien cree que un auto está en excelentes condiciones y sin intención de perjudicarle a usted, dice: "Este auto está en unas condiciones excelentes". Si resulta que el auto estaba en condiciones malas, el vendedor es responsable civilmente, de acuerdo con lo dispuesto en la ley. No importa que el vendedor no tuviera la menor idea de que hubiera algo malo en el auto.

¿Qué es la Ley de prácticas comerciales engañosas?
"El mejor amigo del consumidor".

Querido Señor Alderman:
Yo lo veo en la televisión y usted siempre habla sobre una gran ley que ayuda a los consumidores. Creo que es la Ley de "prácticas comerciales engañosas". ¿Puede usted hablarme de dicha ley y lo que cubre?

La Ley de prácticas comerciales engañosas de Texas es una de las leyes más poderosas de protección al consumidor en el país. *El que viole la Ley de prácticas comerciales engañosas, puede ser responsable de pagar por triplicado los daños que usted haya sufrido, además sus gastos de corte y los honorarios de abogado.* La siguiente lista identifica, todas las cosas que la ley considera ilegales. La lista, puede parecer, un poco técnica, pero esto es porque hemos usado el lenguaje de dicha ley.

1. Pasar o transferir bienes o servicios como los señalados y otros;
2. Causando confusión o malos entendimientos sobre la fuente, patrocinio, aprobación, o certificación de bienes y servicios;
3. Causando confusión o malos entendimientos sobre la afiliación, conexión, o asociación con otros, o certificación de otros;
4. Usando engañosas descripciones o representaciones, o designaciones de origen geográfico en conexión con bienes y servicios;
5. Haciendo creer que los bienes y servicios están patrocinados, tienen características de aprobación, ingredientes, usos, beneficios o cantidades que no tiene, o que una persona tiene el patrocinio, la aprobación, el status, la afiliación o conexión que no tiene;
6. Afirmando que los bienes son originales o nuevos si se han deteriorado, son recondicionados, recuperados o reclamados, usados o de segunda mano;
7. Afirmando que los bienes o servicios son de una norma, calidad o grado, o que los bienes son de un estilo particular o de un modelo, cuando son de otro;
8. Desacreditando los bienes, servicios o negocios de otros por medio de informaciones de hechos, falsas o engañosas;
9. Anunciando bienes y servicios con la intención de no venderlos en la forma en que se anuncian;
10. Anunciando bienes o servicios con la intención de no suplir una demanda razonable, que se pueda esperar de parte del público a menos que los anuncios revelen una limitación de cantidades;
11. Haciendo anuncios falsos o engañosos sobre los hechos con relación a la existencia o a la cantidad de las rebajas de precios;
12. Afirmando que un acuerdo confiere o comprende derechos, remedios u obligaciones que no tiene o comprende o que están prohibidas por la ley.

13. A sabiendas, hacer declaraciones falsas o engañosas de hechos sobre la necesidad de piezas, repuestos o servicio de reparación;

14. Informando mal sobre la autoridad de un vendedor, representante o agente para negociar los términos finales de un trato con un consumidor;

15. Basar el cargo por reparación de cualquier artículo, en todo o en parte, en una garantía en vez de basarlo en el valor de las reparaciones reales hechas, o en el trabajo que se debe hacer en el artículo, sin declarar separadamente, los cargos por el trabajo y el cargo por la garantía si hubiese alguna;

16. Desconectar, hacer retroceder, o volver a fijar, el odómetro o medidor de distancias de cualquier vehículo de motor, para reducir de esa manera el número de millas indicadas por el marcador del odómetro;

17. Anunciar cualquier venta en la que fraudulentamente se diga que la persona deja o cierra los negocios;

18. Usando o empleando un plan de referencias en cadena, en conexión con la venta u oferta de vender bienes, mercancías, o cualquier cosa de valor que usa esta técnica de ventas, plan, arreglo, o acuerdo en el cual al comprador o posible comprador se le ofrece la oportunidad de comprar mercancías o bienes, y en conexión con la compra, recibe la promesa o afirmación del vendedor que el comprador tendrá el derecho de recibir compensación o algo como pago, en cualquier forma, por proporcionar al vendedor los nombres de otros posibles compradores, si el recibo de la compensación u objeto de valor es contingente a que ocurra un evento siguiente al tiempo en que el comprador compra la mercancía o bienes;

19. Haciendo creer que la garantía confiere o contiene derechos o remedios legales, que en sí no tiene ni contiene, haciendo constar sin embargo, que nada de lo expuesto en este subcapítulo se podrá interpretar que extiende la garantía tácita de mercantilidad, como se define en la Sección 2.314 hasta la 2.318 del Código de Negocios y de Comercio, que incluya obligaciones en exceso de las que son apropiadas a los bienes;

20. Vender u ofrecer la venta, ya sea directamente o por medio de asociación con la venta de bienes y servicios, un derecho de participación en una distribuidora de niveles múltiples. Como se usa aquí "una distribuidora de niveles múltiples" quiere decir un plan de ventas para la distribución de bienes y servicios en el que se hacen promesas de devoluciones o pagos

a individuos, condicionados a que esos individuos recomienden u obtengan individuos adicionales, para hacerse cargo de posiciones en las operaciones de ventas, y donde el reintegro, devolución o pago no está condicionado exclusivamente a, o en relación a los ingresos que se obtengan por la venta al detalle de bienes o mercancías;

21. Haciendo creer que se han hecho trabajos o servicios, o se han reemplazado piezas, o bienes, cuando el trabajo o los servicios no se han hecho ni las piezas se han reemplazado;

22. Presentar una demanda, fundada en una obligación contractual escrita, firmada por el demandado, para pagar dinero que surgen o están basadas en una negociación de consumo de bienes, servicios, préstamos, o extensiones u otorgamiento de créditos, dirigidas principalmente para uso personal, familiar, hogareño, o de agricultura en cualquier condado, que no sea aquel en el que el demandado o acusado resida en el momento en que comienza la acción, o en el condado en la que el demandado, firmó el contrato. Se provee sin embargo, que una violación de esta sub-sección no ocurrirá donde se muestre por la persona que está presentando dicha demanda, no sabía ni tenía razón de saber que el condado en que dicha demanda fue presentada no era el condado en que residía el demandado al comienzo del pleito, ni que era el condado en el que el demandado en realidad había firmado el contrato, o...

23. El dejar de revelar información en relación con los bienes y servicios que se conocían en el momento de la negociación, si esta omisión de revelar la información se hizo en forma intencional para inducir al consumidor para que hiciera una negociación, en la cual el consumidor no hubiera consentido, si se le hubiera revelado la información.

24. Usar el término "incorporation" o "incorporated" o una abreviatura de cualquiera de estos dos términos en el nombre de negocios de una entidad que no sea una corporación o compañía mercantil, de acuerdo con las leyes del estado.

Como se ha dicho anteriormente, cualquier persona que cometa cualquiera de estas 24 cosas ha violado la ley, y usted tendrá el derecho de obtener una cantidad substancial como recuperación de daños y perjuicios. Una vez que "ellos" saben que usted sabe sobre esta ley, a usted le maravillará ver cuán cooperativos algunos individuos se vuelven, y lo rápido que usted puede arreglar la disputa suya.

Para enterarse a quién se aplica la ley y cómo usarla siga leyendo.

¿Quién pueda usar la de ley de prácticas comerciales engañosas? "Casi todo el mundo".

Querido Señor Alderman:
Soy propietario de un pequeño negocio llamado "Taller de Reparación de Bob". Llevo a cabo el negocio, parte del tiempo, en mi garaje y reparo motores de cortadores de yerba y otros pequeños motores. Los otros días le compré a un distribuidor algunas piezas de repuesto y él me dijo que las piezas que le compré son tan buenas como las que compro usualmente. No lo eran y como resultado, tres motores que arreglé han necesitado extensas reparaciones. Creo que lo que el vendedor me dijo no era la verdad, las piezas no eran tan buenas como nuevas. Quiero saber: ¿Puedo usar la Ley de prácticas comerciales engañosas para presentar una demanda?

Seguro que usted puede. La ley se aplica a cualquier consumidor y el término se ha definido para incluir a cualquier individuo, sociedad comercial, corporación o entidad del gobierno. La única excepción es la de un negocio de consumo con más de 25 millones de activo o haberes. Presumo o deduzco de su carta que usted lleva su negocio como propietario único, y por lo tanto usted va a presentar la demanda como particular. Si se trata de una asociación mercantil o corporación, usted puede aún usar la ley, pero tiene que presentar la demanda a nombre del negocio.

El otro requisito de la ley es que usted haya comprado (o tratado de comprar bienes o servicios). Esto obviamente se aplica a usted, ya que usted compró piezas a un distribuidor. Casi la única ocasión, en que la ley no se aplica es cuando una persona hace declaraciones en conexión con regalos gratis. Por ejemplo: si el restaurante de hamburguesas de la localidad tiene una promoción y promete que usted ganará un auto nuevo, gratis, y el auto en realidad no era nuevo, usted no puede demandar bajo esta ley, ya que usted no trató de comprar el auto, fue un regalo.

Dependiendo de la cantidad de dinero, objeto del pleito, usted puede que no necesite un abogado. Usted se puede representar, a sí mismo, en al corte de reclamaciones menores si sus daños son menores a los $2,500. Para enterarse de los procedimientos que tiene que usar para la demanda de acuerdo con la ley de Prácticas comerciales engañosas, lea las siguientes cartas. Como usted verá, esta ley es fácil de utilizar. *Asegúrese de leer la carta que hay en la página 98 y de la noticia de los 60 días que la ley requiere.*

¿A quién o quiénes esta ley se aplica?
"Casi a todo el mundo".

Querido Señor Alderman:
Acabo de comprar un tocadiscos estéreo de alguien en una venta de garaje. Cuando lo vi, la muchacha me dijo que tenía menos de un año y que estaba en buenas condiciones. Resultó que tenía tres años y que necesitaba muchas reparaciones. ¿Se aplica aquí la ley de Texas sobre declaraciones e informaciones falsas, y puedo obtener tres veces los daños que me han causado?

Bajo lo dispuesto en la Ley de prácticas comerciales engañosas de Texas usted puede demandar a cualquiera, incluyendo a un particular, que no tenga un negocio, si el o ella ha violado la ley. En este caso, cuando le hicieron una declaración o información falsa sobre el estéreo, eso viola la ley. Si usted puede probar que la declaración se hizo y que era falsa, usted pudiera tener derecho a una compensación de tres veces sus daños. En este caso, la compensación de sus daños sería la diferencia entre el valor de un tocadiscos estéreo de un año y uno de tres años.

La Ley protege a los consumidores y esto quiere decir que cada vez que venda algo tiene que tener cuidado. Usted puede que no piense en eso, pero cada vez que usted tenga una venta de "garaje" o ponga un anuncio en el periódico, usted cae dentro de la ley. A menos que usted esté dispuesto a responder por su palabra, tenga cuidado cuando diga que algo "está en excelentes condiciones" o que está "tan bueno como nuevo".

Consejo: Si está vendiendo algo, asegúrese que el comprador sepa que usted solamente le está dando una opinión, a menos, que usted quiera respaldar lo que dice. Como el vendedor en la siguiente carta descubrió, usted puede tener problemas, aunque esté actuando en forma inocente y de buena fe.

¿Hay alguna ley contra defectos de construcción?
"Sí, y tiene prioridad sobre
la ley de prácticas comerciales engañosas".

Querido Señor Alderman:
Soy un pequeño contratista independiente. Recientemente oí que la legislatura había aprobado una nueva ley que nos protege, cuando se nos demanda bajo lo dispuesto en la Ley de prácticas comerciales engañosas. Si la hay, ¿qué es lo que dice?

Tiene razón. Hay una ley recientemente promulgada que le ofrece a los contratistas protección adicional, cuando se les demanda por defectos de construcción. Esta ley es importante para los consumidores y los contratistas porque el consumidor que no cumpla con lo provisto en esta nueva ley, cobrará substancialmente una cantidad menor por daños.

Esta ley se aplica a toda acción para cobrar dinero de un contratista basado en defectos de construcción, a menos que sea una acción por lesiones personales. De acuerdo con la ley usted debe notificar al contratista por lo menos 60 días antes de presentar la demanda, especificando razonablemente en detalles, los defectos que motivan la queja. Durante los 21 días siguientes al recibo de la notificación, el contratista tiene el derecho de inspeccionar la propiedad o artículo defectuoso. Dentro de los 31 días siguientes al del recibo de la notificación, el contratista puede hacer una oferta por escrito de arreglo al consumidor. La oferta debe incluir un acuerdo de reparar o hacer que se reparen los defectos. Las reparaciones se deben hacer dentro de 45 días, si la oferta es aceptada.

El aspecto más importante de esta ley surge cuando el consumidor no acepta la oferta de arreglo del contratista. Si el consumidor en forma no razonable rehusa aceptar la oferta de arreglo, no podrá obtener como recuperación una cantidad que exceda el costo de las reparaciones y sólo podrá recuperar los honorarios de abogados en que haya incurrido hasta el momento en que se rechazó la oferta. En otras palabras, antes de presentar una reclamación bajo lo dispuesto en la Ley de prácticas comerciales engañosas o de cualquier otra ley, usted debe darle al contratista la oportunidad de reparar los defectos, y si él los repara u ofrece hacerlo, usted procederá con la demanda a su propio riesgo y peligro.

He aquí un ejemplo rápido de cómo funciona la ley: Suponga que Tom emplea a un constructor para reparar el garaje de su casa. Después que el trabajo se ha terminado Tom descubre que la cubierta de los lados o siding, no es de la calidad que le aseguró el constructor. Tom desea presentar una demanda, bajo la Ley de prácticas comerciales engañosas por falsa exposición de hechos. Tom debe primeramente dar al contratista 60 días de notificación de su queja. El debe permitirle al contratista que vaya a su casa y vea el problema. Si el contratista, después, le escribe a Tom diciéndole que cambiará la cubierta o "siding", sin costo para Tom, Tom debe aceptar la oferta, o de lo contrario, si él presenta la demanda los daños se limitarán a lo que costaría hacer el cambio. El tampoco recibirá como recuperación de daños los honorarios del abogado en el pleito.

El ramo de la construcción debe haber tenido un buen cabildeo durante la sesión de la legislatura en 1989, para obtener la aprobación de esta ley. Pero la ley realmente no es injusta. Simplemente establece que antes de demandar por defectos de construcción, usted debe darle a la persona, la oportunidad de cumplir lo que ha prometido.

¿Qué pasa si yo no sabía que no era la verdad?
"Mala suerte".

Querido Señor Alderman:
Soy geólogo. Nunca antes he estado en el negocio de vender botes y nunca había vendido uno antes. Hace como un mes, decidí vender mi pequeño bote con motor fuera de borda. Lo llevé a mi mecánico, que me dijo que pondría el motor en excelentes condiciones. Le pagué $500, y me dijo que "estaba como nuevo". Puse el bote con el motor en el patio del frente de mi casa con un cartel de "se vende". Alguien, a quien no conozco, paró para preguntarme sobre él, le dije que el motor estaba en "condiciones excelentes, condiciones perfectas y casi como nuevo". A mi leal saber y entender estas afirmaciones eran ciertas. Lo que no sabía es que mi mecánico no había hecho el trabajo. El comprador me ha escrito una carta en la que me dice que quiere que le pague $450 (el costo de reparación del motor). El dice, que, a menos que le pague, me va a demandar bajo lo dispuesto en la ley de prácticas comerciales engañosas y que él recibirá como recuperación de daños tres veces los $450. ¿Qué debo hacer? ¿Esa ley se me aplica a mí?

Como se ha dicho en la respuesta a la carta anterior, la ley se aplica a todo el que venda bienes o servicios. Esto lo incluye a usted. Aunque usted no tenga un negocio. La Ley de prácticas comerciales engañosas de Texas en muy amplia. Protege a los consumidores, no importa, quién los haya engañado.

La ley claramente dice que usted no tiene que intentar engañar o hacerle una treta a alguien. Su honestidad o buena fe no es importante. La ley simplemente establece que es ilegal informar mal sobre la naturaleza de los bienes. Usted dijo que el motor del bote estaba en excelentes condiciones y no estaba. Esto violó la ley y si se prueba, le daría derecho al comprador a una compensación equivalente a tres veces los daños, más los honorarios de su abogado.

El mejor consejo que le puedo dar es que trate de arreglarse con el comprador. Luego póngase en contacto con el mecánico y dígale que usted espera que le devuelva el dinero. Si rehusa, usted tiene una reclamación, contra él, de acuerdo con la ley de prácticas comerciales engañosas. La próxima vez tenga cuidado.

Recuerde: Cada vez que usted venda algo, usted es responsable de lo que diga. Si no está seguro, no lo diga, o aclare, que es solamente su opinión.

El vendedor no dijo nada.
¿Tengo mala suerte en este asunto?
"Hay el deber de hablar e informar".

Querido Señor Alderman:
Debo haber comprado un cacharro sin valor. Es un Oldsmobile del 77 y pagué $1,000 por él. Tan pronto como llegué a la casa, me enteré que la transmisión estaba tan mala que el auto sólo caminaría unas pocas millas más. Lo llevé a un taller de reparación y me dijeron que me costaría cerca de $800 arreglarlo. Ellos no podían imaginar que el vendedor no lo sabía. Cuando fui de vuelta a la agencia de autos usados, el vendedor admitió que sabía que el auto necesitaba una nueva transmisión, pero me dijo: "usted no preguntó sobre la transmisión, y yo no le informé sobre ella... Lo que usted vió fue lo que usted compró". ¿Es esto verdad? El auto no vale más de unos pocos cientos de dólares en estas condiciones. Me parece que la ley debe requerir a alguien que diga cuando hay algo malo o defectuoso.

La ley es exactamente como usted lo ha pensado. De acuerdo con la Ley de prácticas comerciales engañosas de Texas es ilegal que una persona deje de revelar defectos conocidos y si esta omisión de revelar esa información se hizo con la intención de inducir al consumidor para que hiciera una negociación, en la que el consumidor no hubiera participado si se le hubiera revelado dicha información (vea artículo 23, página 89).

En su caso, si usted puede mostrar que el distribuidor no reveló la información porque sabía que usted no pagaría el mismo precio si hubiera sabido que el auto no funcionaba, el distribuidor ha violado la ley. No importa que usted no haya hecho preguntas. Su omisión de inquirir o preguntar no es una defensa en esta ley.

Si el vendedor ha violado la Ley de prácticas comerciales engañosas, usted tiene derecho a daños por triplicado. En su caso los daños y perjuicios sufridos por usted sería lo que costaría poner el auto en las condiciones que debía de tener cuando usted lo compró: $800. Como se ha estudiado y hablado en la carta de la página 98, usted también tiene derecho a cualquier costo de la corte y a honorarios de abogados, en los que usted incurra.

El mejor consejo que le puedo dar es que se ponga en contacto con el distribuidor, por medio del correo certificado, con petición de prueba de entrega, y que le diga que usted quiere que le arreglen el auto o que le paguen los daños en dinero. Déjele saber que usted sabe cuáles son sus derechos de acuerdo con la Ley de Prácticas comerciales engañosas, y que a menos que se arreglen las cosas, usted demandará sus derechos bajo la ley.

El contrato dice "En el estado en que esté" ¿Tengo mala suerte? "No, de acuerdo con la Ley de Prácticas comerciales engañosas".

Querido Señor Alderman:
Recientemente compré un auto usado. Se anunció en el periódico, como que está en "excelentes condiciones". Cuando revisé el auto, el dueño (que no es un distribuidor) dijo que el auto caminaba bien y que estaba en buenas formas mecánicas. Yo lo compré, y antes de llegar a casa se rompió. El mecánico dice que el auto es un pedazo de chatarra y que está en terribles condiciones mecánicas. Cuando le pedí la devolución del dinero, el vendedor me dijo que leyera el contrato que habíamos hecho. Lo hice y el contrato dice que el auto se vende en "las condiciones en que está". ¿Tengo mala suerte? Supongo que tuve la culpa por no leer el contrato.

¡Buenas noticias!. La ley de prácticas comerciales engañosas no se puede descartar, aún en un contrato escrito. Si el vendedor hace una afirmación de hecho sobre un producto y esta es falsa, el vendedor es civilmente responsable de acuerdo con la Ley de prácticas comerciales engañosas, a pesar que el contrato diga lo contrario. Decir que algo se vende "como está" tiene el efecto legal de eliminar muchas garantías, pero no cambia la ley de prácticas comerciales engañosas.

Le sugiero que hable con el vendedor y le deje saber que usted conoce la ley. Como usted ya sabrá probablemente, la Ley de prácticas comerciales engañosas se aplica a cualquier vendedor, aún a uno que no tenga un comercio, y usted pudiera tener derecho a una compensación triplicada de los daños sufridos si presenta la demanda. Debo apuntar, también, que la Corte Suprema de Texas ha dicho que la buena fe, la intención o el conocimiento del vendedor que haya hecho la afirmaciones irrelevante. Si se ha hecho una afirmación falsa, la

Ley de prácticas comerciales engañosas ha sido violada. El anuncio decía "excelentes condiciones" lo que no era verdad. Se cierra el caso.

El agente de bienes raíces no me dijo que el anterior dueño de la casa había muerto de SIDA. ¿Tiene esto que ser revelado? "No, de acuerdo con la ley".

Querido Señor Alderman:
Acabo de comprar una casa. Después de haberme mudado, me enteré que el anterior propietario de la casa había muerto en ella de SIDA. No quiero parecer loco, pero tengo miedo de contagiarme con esa enfermedad. Probablemente yo no hubiera comprado la casa si hubiera sabido esto. Yo creía que la Ley de prácticas comerciales engañosas de Texas requiere que los vendedores revelen cosas como esta. Tengo algún derecho, de acuerdo con la ley?

Primero, de todo lo que he oído o leído, no hay ninguna posibilidad de que usted contraiga el SIDA por vivir en una casa donde alguien que haya tenido la enfermedad haya muerto. Esperamos que usted pueda disfrutar de la casa sin preocuparse de sus previos ocupantes.

En cuanto a sus derechos de acuerdo con la ley, probablemente no tenga ninguno en esta situación. Usted tiene la razón que la Ley de prácticas comerciales engañosas requiere que el vendedor le revele los hechos materiales a usted si el sabe que esos hechos tienen importancia. De acuerdo con la ley probablemente un vendedor tenga la obligación de decirle a usted sobre la muerte del previo ocupante. Pero la legislatura recientemente aprobó una ley que tiene prioridad sobre la DTPA y que le permite a las personas permanecer en silencio respecto al SIDA. Esta ley, al igual que las leyes federales, prohibe la discriminación contra las personas con SIDA. Lo importante es que de acuerdo con la presente ley, no hay probablemente responsabilidad civil por la omisión de revelar información con relación al SIDA o cosas relacionadas a un presunto o esperado comprador de casas.

¿Qué son daños "treble" o triples? "Buenas noticias para usted".

Querido Señor Alderman:
Le he oído hablar sobre la ley de prácticas comerciales engañosas, y el hecho de que ella permite recobrar "daños treble". ¿Qué significa eso?

La ley de prácticas comerciales engañosas fue establecida para que hiciera dos cosas: primero: para compensar a los consumidores por sus perdidas y segundo para desanimar a las personas que actúen con prácticas falsas o engañosas. Para desanimar a los malhechores, la ley le permite a usted cobrar lo que pudiera considerarse como "daños punitivos", daños establecidos para castigar al que actúe mal, no sólo para compensarle a usted por su pérdida.

Si la reclamación es por menos de $1,000, el consumidor exitoso, automáticamente recibe tres veces los daños, además de los honorarios del abogado. Por ejemplo, suponga que usted compra un televisor nuevo y no funciona. El gerente de la tienda rehusa repararlo, aunque hay una garantía. Usted puede demandar al comerciante por rompimiento de la garantía, que siempre constituye una violación de la ley de prácticas comerciales engañosas. Sus daños, en este caso, serían la cantidad que costaría reparar el televisor.

Digamos que otro distribuidor lo arregla por $150. Si usted no puede recuperar los $150 del distribuidor y tiene que demandar, usted tendrá el derecho de recibir tres veces esa cantidad o $450. A esto es a lo que comunmente se le llama "daños triples" (treble damages). Usted también recibirá los gastos de la corte y los honorarios de su abogado.

Si la cantidad es superior a $1,000, usted recibirá solamente tres veces los primeros $1,000. Pero la cantidad en exceso de los $1,000 se triplica solamente si la corte encuentra que el acto fue cometido "a sabiendas". En mi ejemplo, el comerciante obviamente conocía que estaba rehusando reparar el equipo, y por lo tanto, todos los daños, aún en exceso de mil dólares, se podrían multiplicar por tres. Pero considere el siguiente ejemplo:

Suponga que el distribuidor le dijo que el auto que le vendió a usted por $6,500 era un Chevy del 56, y este era un precio justo para un Chevy 56. Sin embargo resultó que el dueño anterior había cambiado algunas piezas y que el auto realmente era del 1957 con un valor de $5,000. El distribuidor le informó mal a usted la naturaleza del auto y por eso ha violado la Ley de prácticas comerciales engañosas. Los daños suyos serían $1,500 o la diferencia de valor entre los dos modelos. En este caso, sin embargo, la corte solamente triplicaría los primeros $1,000, debido al hecho de que el distribuidor no violó la ley a sabiendas. Lo que usted recibiría serían $3,000 (los primeros $1,000 por tres), más $500 (el resto de sus daños) con un total de $3,500. A usted también se le darían los honorarios de abogado y los costos de la corte.

La posibilidad de que hay daños triples es lo que le da fuerza a la Ley de prácticas comerciales engañosas. *Una vez que una persona sabe que tendrá que pagar una gran suma si pierde en la corte, él, con mayor posibilidad, le tratará con justicia y tratará de arreglarse con usted.* Asegúrese que el vendedor sepa que usted sabe la ley y cuánto los daños pudieran ser. Mi suposición es que usted podrá rápidamente llegar a un arreglo satisfactorio.

¿Cómo uso la Ley de prácticas comerciales engañosas? "Es muy sencillo y simple".

Querido Señor Alderman:
He oído sobre la ley de protección a los consumidores en Texas llamada Ley contra prácticas comerciales engañosas. Por lo que me han dicho, esta pudiera ser la ley para el problema que tengo con mi mecánico. Me pregunto si hay algo especial que tengo que hacer para utilizar la ley. ¿Puedo ir a la corte de reclamaciones menores? Solamente quiero los $75 dólares que el me tomó.

La Ley de prácticas comerciales engañosas le permite al consumidor recibir tres veces los daños que haya sufrido, más los gastos de corte y honorarios de abogado, si los hay. Si usted va a usar esta ley, hay varios pasos que tiene que seguir.

Primero, recuerde que usted no puede ir a la Corte de reclamaciones menores si la cantidad que pide es de más de $2,500, *y esto debe incluir la cantidad triplicada.* Por ejemplo usted dice que usted ha resultado perjudicado en la cantidad de $75. De acuerdo con la ley usted reclamará tres veces esa cantidad ó $225, que está dentro del límite de los $2,500. Pero ¿qué pasa si sus daños fueran $1,000?. Como tres veces mil es $3,000, usted no podría ir a la corte de reclamaciones menores. Usted necesitaría un abogado que le presentará la demanda en la corte del condado o del distrito. Desde luego, usted, todavía puede presentar la demanda por los $1,000 en la corte de reclamaciones menores, pero no podría hacerlo bajo lo dispuesto en la ley de prácticas comerciales engañosas.

Después, una vez que usted decida usar esta ley, usted debe dar notificación escrita de su problema, por lo menos 60 días antes de establecer su demanda en la corte. La notificación debe dar la naturaleza específica de su reclamación en detalles razonables y la cantidad de los daños actuales, incluyendo los honorarios de su abogado, si los hay. La siguiente carta se pudiera usar como modelo o formulario.

Señor C. Consumidor
435 Central Dr.
Consumer, Texas   77597

Señor comerciante:
El miércoles 16 de junio, llevé mi auto a reparar a su taller. Le dije que le hiciera un afinamiento y usted me dijo que eso me costaría $49.95. Esta es la misma cantidad anunciada en el periódico el día anterior. Cuando recogí mi auto, usted me cargó $124.95. Usted me dijo que los $49.95 era para autos importados nada más. Esto no se dijo en el anuncio ni se me dijo a mí antes.

Pienso que su conducta de fijar un precio y cobrar otro es una práctica falsa y engañosa que cae dentro de la Ley de prácticas comerciales engañosas. He sido perjudicado en la cantidad de $75.

De acuerdo con la ley debo darle una notificación de 60 días sobre mi queja antes de establecer una demanda. A menos que reciba un arreglo satisfactorio de su parte dentro de ese período de tiempo, pienso proseguir con mi reclamación en la corte. Debo decirle que si tengo éxito, tengo derecho a tres veces los daños sufridos por mí. Gracias por su esperada cooperación.

Sinceramente,
C. Consumidor

Durante los 60 días, la persona que usted notificó, tiene el derecho de inspeccionar los artículos o bienes que forman parte de su queja. El propósito de requisito de la notificación es darle a la otra parte la oportunidad de arreglar el caso sin una costosa litigación. De acuerdo con la ley, si la otra parte ofrece un arreglo y usted lo rehusa, y si luego la corte le concede substancialmente la misma cantidad, usted no tiene derecho a recibir los daños por triplicado. *Si a usted se le ofrece un arreglo, substancialmente igual a lo que pide, usted debe aceptar.*

Si usted no da la apropiada notificación, usted a lo mejor no tiene derecho a cobrar nada, por eso, asegúrese de enviar la notificación por correo certificado, pidiendo prueba de entrega (return receipt requested), para que usted tenga prueba de que se envió. Y asegúrese de incluir una descripción de lo que usted cree que la persona ha hecho, que viola la ley, y exactamente cuántos son los daños y perjuicios sufridos por usted.

Un comentario final: ¿debe usted ver a un abogado? La simple respuesta es: eso está en sus manos. Si la cantidad es menor a $2,500, la corte de reclamaciones menores es rápida y sencilla de utilizar. Un abogado puede incrementar sus posibilidades de obtener el pago de los daños y pudiera saber de daños a los que usted puede tener derecho que usted no ha visto. La litigación con un abogado toma mucho tiempo y cuesta dinero. Usted debe balancear estos factores y hacer usted mismo la decisión. Usted pudiera querer hablar con un abogado antes de ir a la corte de reclamaciones menores, para tener una idea de qué manera él o ella le pudieran ayudar.

CAPITULO ONCE

Inmigración*

POCAS áreas de la ley han ocasionado tanto interés y controversia pública como la Ley de Inmigración. La Ley de Inmigración determina quién tiene el derecho de vivir y trabajar en los Estados Unidos. Como usted se puede imaginar, esta área de la ley es de gran interés y preocupación para muchas personas.

Las preguntas más comunes que salen de la Ley de Inmigración tienen que ver con los derechos de los "trabajadores indocumentados" para vivir y trabajar en los Estados Unidos legalmente. Recientes cambios en la ley, traídos por la Ley de Control y Reforma de 1986 (IRCA) le permite a más personas permanecer en el país, pero también ha causado mucha preocupación. Las preguntas y respuestas que siguen, puede que resuelvan algunas de esas incertidumbres.

¿Qué puedo hacer para ver si puedo permanecer legalmente en los Estados Unidos?
"Primero: póngase en contacto con un centro de asesoramiento designado por el Servicio de Inmigración y Naturalización (INS)".

Querido Señor Alderman:
Vine a Texas ilegalmente desde Honduras y ahora quiero quedarme aquí. Sin embargo, me han dicho que si me descubren seré deportado. He estado aquí por casi diez años y tengo un buen empleo y mi esposa está aquí legalmente. Estoy pensando renunciar a mi empleo porque tengo miedo de que me capturen. ¿Hay algo que pueda yo hacer para quedarme aquí legalmente? ¿Hay alguna organización que me pueda ayudar?

Hay varias leyes que pudieran proporcionarle a usted la oportunidad de permanecer en los Estados Unidos. Por ejemplo, dependiendo,

* Agradezco de manera muy especial al Profesor Michael Olivas, del Centro Legal de la Universidad de Houston, por haberme asistido en la preparación de este capítulo.

de como su esposa está aquí legalmente, usted pudiera tener el derecho de quedarse aquí. Lo primero que debe hacer es ver a un consejero de Inmigración en uno de los centros de asesoramiento designados por INS. He aquí una lista de algunos de esos centros:

Austin
- Cristo Vive for Immigrants, 7524 N. Lamar, suite 106-10.
- Austin Travis County Refugee Service, 111 Montopolis Drive.
- SER-JOBS For Progress, 55 North I-H 35, Suite 102.
- Austin travis County Refugee Service, 1607 W. 6th street.
- The Episcopal Church of the Good Shepherd, 2206 Exposition Blvd.
- Holy Trinity Episcopal Church, 1705 Mariposa Drive.

Beaumont
- Catholic Diocese of Beaumont, 2625 S. 4th St.
- St. Stephen's Episcopal Church, 4090 Delaware.

Beeville
- St. Philip's Episcopal Church, 311 E. Corpus Christi.

Brownsville
- St. Paul's Episcopal Church, 1626 E. Taft Street.

Bryan
- St. Andrew's Episcopal Church, 217 W. 26th, Box 405.
- Diocesan Migrant and Refugee Services, 1200 North Mesa.
- United States Catholic Conference, 12000 North Mesa, suite 201.
- LICEO Sylvan Center, 3021 Fritas.

Burnet
- Catholic Social Services, 500 Buchanan, Suite B.

Corpus Christi
- St. Martin's Episcopal Church, 1641 G. Cliff.
- Catholic Social Services, 1650 S. Brownlee Blvd.
- SER-JOBS For Progress, 1201 South Point Avenue.
- St. Thomas Episcopal Church, 4100 Up River Road.

Crystal City
- Community Agency for Self Hel, 722 e. Crockett st.

Dallas
- Northcutt Immigration Assistance Center Mary King. Memorial UMC.
- SER-JOBS For Progress, 2514 Harry Hines Blvd.
- SER-JOBS For Progress, 1355 River Bend Dr. Diocese of Dallas, 3845 Oaklawn Ave.
- Northcutt Immigration Assistance, 5111 Capitol.

Eagle Pass
- Redeemer Episcopal Church, 648 Madison Street
- Jim Haynes, 470 N. Monroe Street.

Fort Pierce
- Agricultural and Labor Program Inc., 1814 N. 13th St.

Fort Worth
- Catholic Charities, 1404 Hemphill St.
- World Relief, 4567 James Ave., Suite B.
- San Juan Episcopal Church, 3725 S. Adams.

Galveston
- SER-JOBS For Progress, 3901 Avenue M 1/2.

Houston
- Refugee Service Alliance, 2808 Caroline St.
- SER-JOBS For Progress, 2150 West 18th Street, Suite 300.
- Lutheran Social Services of Texas, 3131 W. Alabama, suite 124.
- YMCA International Service, 2903 W. Dallas St.
- Episcopal Church of the Redeemer, 4411 Dallas Ave.

Laredo
- Christ Episcopal Church, 2320 Lane Street

Longview
- Trinity Episcopal Church, 906 Padon St.

Lubbock
- Catholic Family Service, 123 North Ave. N.

Midland
- Diocese of San Angelo, 1203 N. Gig Spring.

Nacagdoches
- Christ Episcopal Church, 502 E. Starr St.

Pasadena
- St. Peter's Episcopal Church, 705 Williams

Pharr
- Trinity Episcopal Church, 210 W. Caffery Street.

San Antonio
- San Antonio Literacy Council, 1101 W. Woodlawn.
- SER-JOBS For Progress, 525 Cupples Road.
- San Fe Episcopal Church, 1108 Brunswick.
- Diocesant Migrant and Refugee Services
- Holy Cross Episcopal Church, 379 E., Petaluma.

Tyler
- Christ Episcopal Church, 118 S. Bois D'Arc St.

Victoria
- Diocese of Victoria in Texas, 1505 E. Mesquite Lane.

Waco
- St. Paul's Episcopal Church, 515 Columbus Avenue.

Weslaco
- Grace Episcopal Church, 701 S. Missouri.
- Catholic Family Service, 1422 S. Tyler, Suite 200.

Una nota final: su Colegio de Abogados local, puede tener algunos abogados u oficinas de voluntarios que pueda recomendar. También pudiera ponerse en contacto con "Mexican American Legal Defense and Education Fund" en San Antonio, 512-224-5476. Ellos no dan asesoramiento legal a clientes individuales, pero inician demandas a nombre y representación de grupos hispanos contra los que se haya discriminado, y pueden recomendar abogados que hablen español.

¿Quién puede obtener Amnistía?
"La Ley ya expiró".

Querido Señor Alderman:
He oído y leído mucho sobre la nueva ley de Amnistía pero tengo miedo de ponerme en contacto con cualquier persona oficial, hasta saber si estoy o no cubierto. Sería una gran ayuda si usted pudiera explicar brevemente, quién es elegible para la Amnistía y qué me pudiera pasar si fuera a hacer la solicitud y no fuera elegible. ¿Me podrán deportar? ¿Tengo que dar mi dirección?

De acuerdo con la Ley de Reforma y Control de Inmigración de 1986, comunmente llamada IRCA, las siguientes personas eran elegibles para la Amnistía:

A. *En general.* El extranjero debe establecer que él o ella entró en los Estados Unidos antes del primero de enero de 1982 y que él o ella ha residido contínuamente, en estado ilegal desde esa fecha hasta la fecha en que se presenta la solicitud.

B. *No-inmigrantes.* En el caso de extranjero que entró en los Estados Unidos como no inmigrante antes del primero de enero de 1982, el extranjero debe establecer que el período de permanencia autorizada en el país como no inmigrante expiró antes de esa fecha por el paso del tiempo y que el "status" ilegal del extranjero era conocido por el gobierno a esa fecha.

C. *Visitantes de intercambio.* Si el extranjero fue en cualquier momento un visitante de intercambio no inmigrante, él o ella debe establecer que él o ella no estaban sujetos al requisito de dos años de residencia extranjera, o que han llenado ese requisito de dos años de residencia extranjera, o que han llenado ese requisito o han recibido un perdón o autorización (*"waiver"*).

Digo eran porque la ley expiró el 5 de mayo de 1988. La Ley de Amnistía fue una oportunidad, por una sola vez, para que las personas encartadas puedan permanecer legalmente en este país. Ahora que ha expirado, usted debe llenar los requisitos, bajo otra ley, si quiere quedarse aquí legalmente. Para enterarse si hay una provisión en la ley que pudiera ayudarle, le sugiero que se ponga en contacto con algunas de las oficinas o agencias cuya lista está en las páginas 102-104.

¿Qué es un "Notary"?
"No es un abogado ni un notario".

Querido Señor Alderman:
Soy de México y quiero asesoramiento legal en Dallas donde vivo. Fui a ver a un notario público, (Notary Public) donde me dijeron que por $500 dólares me ayudarían con mi problema. ¿Qué es un Notary Public? ¿Es un notario? (Abogado).

En México, como en otros países de habla hispana, un notario hace muchas de las funciones de un abogado. En los Estados Unidos, un "Notary Public" *no* es un abogado y no puede presentarse como abogado para representarle en corte o en otros procedimientos legales. Básicamente todo lo que un "Notary Public" hace es dar fe de las firmas o certificar que usted firmó un documento y dar otros servicios de oficinista. Casi todo el mundo puede convertirse en notario, simplemente pagando una pequeña cuota.

Si usted necesita servicios legales, vea a un abogado o licenciado. Si usted cree que el "Notary Public" se le presentó indebidamente como si fuera abogado, o si se puso a hacer trabajo legal no autorizado, usted debe reportarlo a la oficina del fiscal del Distrito, al fiscal o Procurador General, o al Colegio de Abogados de Texas (Texas Bar Association) al 1-800-252-9690. La práctica no autorizada del derecho es un delito.

Y de paso, los "Notary" usualmente cobran muy poco por sus servicios. Tenga cuidado con alguien que le cobre una cuota muy alta por darle sus servicios como Notario Público.

Tengo miedo de irme a mi país. ¿Qué puedo hacer?
"Usted pudiera tener el derecho de asilo".

Querido Señor Alderman:
Soy de El Salvador y me fui y vine a los Estados Unidos porque
soldados del gobierno mataron a un hermano mío y oí que me
estaban buscando, también. ¿Hay alguna manera en que me
pueda quedar en los Estados Unidos, por lo menos, hasta que las
cosas mejoren en mi país y haya seguridad para que pueda
regresar?

Usted debe buscar ayuda de un abogado de Inmigración o de las
oficinas o agencias de asesoramiento, cuya lista se encuentra en las
paginas 102-104. Si usted tiene razones para creer que usted pudiera
ser lesionado, usted puede ser elegible para el *asilo* "debido a persecución por motivos de raza, religión, nacionalidad, ser miembro de un
grupo social en particular, o por sus opiniones políticas". Estos son
términos altamente técnicos, pero un abogado o un consejero califica-
do de Inmigración pudiera ayudarle a usted a presentar su solicitud
de asilo, si usted llena los requisitos. Usted tiene derecho a una serie
de derechos bajo la ley, y de vistas o audiencias, y pudiera hasta ser
elegible para trabajar en los Estados Unidos. Aún más que otras
personas, sin embargo, usted tiene que tener mucho cuidado de no
cometer ningún crimen, ni violar ninguna ley, porque cualquier
audiencia de Inmigración incluirá sus antecedentes sobre su tiempo
y conducta en los Estados Unidos.

Soy ciudadano americano, pero aún
me piden identificación.
¿Es eso legal?
"Todo el mundo debe mostrar que
es elegible para trabajar".

Querido Señor Alderman:
Soy ciudadano, pero he notado que mi sindicato no emplea a nadie
que no tenga una identificación o "tarjeta verde". ¿Es esto legal?
Soy un americano de tercera generación y resiento tener que
probar que "soy legal".

Los empleadores deben pasar por un tamiz a todos los nuevos
empleados (los que hayan sido empleados después de noviembre 6 de
1986) para determinar si son elegibles para trabajar. Sin embargo,

deben hacer las mismas preguntas y requerir los mismos "papeles o documentos" a todos, no solamente a las personas que parezcan mexicanas, o que hablen con un acento. No hay sanciones contra los empleadores que dieron trabajo a empleados indocumentados, antes del 6 de noviembre de 1986, pero pueden haber penas por las personas contratadas o empleadas después de esa fecha. *Todos* los empleados deben ser tratados igualmente, en el proceso de empleo.

¿Tiene mi hijo que tener un número de seguridad social para seguir en la escuela?
"¡No!"

Querido Señor Alderman:
Mi hija trajo a la casa una carta de la escuela, donde dice que todos los niños tienen que tener números de seguridad social y que teníamos que llenar unos formularios para obtener para ella un número de seguridad social. Tengo miedo de no obtener uno, o ellos pudiera evitar que mi hija siguiera en la escuela. ¿Qué puedo hacer?

Ningún *niño* tiene que tener un número de seguridad social para matricularse en la escuela, aun los niños indocumentados pueden asistir a las escuelas públicas si sus padres residen en el distrito escolar. La ley de impuestos del año pasado, hizo cambios, sobre quién puede ser elegible a una deducción de impuestos, pero a usted no se le requiere que tome ninguna acción que lo exponga a usted o a sus hijos a una posible deportación. Como cualquier otro caso que tenga que ver con Inmigración, usted debe consultar a un abogado o a un reputado centro de consejeros de Inmigración. (Vea las páginas 102-104).

Soy un pequeño empleador.
¿Debo cumplir con la ley de Inmigración?
"Probablemente, sí".

Querido Señor Alderman:
Tengo un pequeño negocio, que entrega documentos para firmas locales. Empleo cerca de 5 a 10 personas. El otro día alguien me dijo que podía meterme en problemas si no cumplía con la nueva Ley de Inmigración. No tengo a nadie que trabaje conmigo que no sea residente permanente o ciudadano americano. ¿Tengo aún que prestar atención a la ley?

Sí. La nueva ley se aplica a casi todo el mundo que emplee a otro para que haga trabajos o servicios por salarios. De acuerdo con la nueva ley, usted debe llenar el llamado formulario I-9 (Form I-9) por:

- *Personas empleadas después de mayo 31 de 1987.* Para estos empleados, usted debe llenar el formulario I-9, dentro de los tres días hábiles a la fecha del empleo (si usted emplea a la persona por menos de tres días, usted debe llenar el formulario I-9, antes del final del primer día de trabajo del empleado.
- *Personas empleadas entre el 7 de noviembre de 1986 y el 31 de mayo de 1987.* Por estos empleados usted debe llenar el formulario I-9 antes del primero de septiembre de 1987.

Nota: Si usted emplea a estas personas para trabajo doméstico en su casa particular en forma regular (por ejemplo semanalmente), estos requisitos también se aplican a usted.

Usted *no* necesita llenar el formulario I-9 por:

- Las personas empleadas antes del 7 de noviembre de 1986.
- Las personas empleadas después de noviembre 6 de 1986, que dejaron el empleo antes del primero de junio de 1987.
- Las personas que usted emplea para que hagan trabajo doméstico en una casa particular en forma esporádica o intermitente.
- Las personas que le facilitan trabajadores a usted, que están empleados por un contratista, que provee servicios laborales (por ejemplo, el préstamo o alquiler de empleados).
- Las personas que son contratistas independientes.

El formulario I-9 está diseñado para verificar que las personas sean elegibles para trabajar en los Estados Unidos. El formulario es fácil de llenar y hay un libro gratis disponible para ayudarle. Para obtener el libro, escriba o póngase en contacto con el Servicio de Inmigración de los Estados Unidos y pídales el *Handbook for Employers: Instructions for Completing Form I-9 (Manual para los empleadores: Instrucciones para llenar el formulario I-9).*

Nota: A usted se le puede imponer una multa si no cumple con esta ley, y no trate de evitar su cumplimiento al no emplear a alguien que usted cree que no esté autorizado para trabajar aquí. De acuerdo con la ley, también es ilegal que un negocio con cuatro o más empleados discrimine contra cualquier individuo debido al origen nacional o "status" de nacionalidad de dicho individuo. En otras palabras, pídale los documentos a todos los que usted emplee, no solamente a los trabajadores minoritarios.

CAPITULO DOCE

Derechos de Arrendador y Arrendatario

LA ley de arrendador y arrendatario tiene cientos de años, y por la mayor parte del tiempo ha estado a favor de un solo lado. La ley de arrendador y arrendatario históricamente ha favorecido al arrendador. Pero recientemente han habido algunos cambios y aunque pudiera ser que usted no tuviera todos los derechos que quiere, usted tiene algunos recursos.

Dos leyes en particular le dan derechos frente al arrendador cuando él no conserva el apartamento en buen estado o cuando no devuelve el depósito.

La parte más importante de cualquier relación de arrendador y arrendatario es el contrato de arrendamiento. Lea el suyo cuidadosamente antes de firmarlo. Si no le gusta algo en el contrato, no lo firme hasta que el arrendador acuerde eliminarla.

¿Necesito un contrato de arrendamiento?
"No, pero puede ayudar".

Querido Señor Alderman:
Me mudé recientemente a esta ciudad. Encontré un apartamento que me gustó y le dije al arrendador que lo tomaba. Me dijo: "Está bien, puede mudarse el día primero". Cuando le pregunté sobre el contrato de arrendamiento me dijo que no me preocupara, que el nunca los usa. Ahora, estoy preocupado. ¿Es legal rentar un apartamento sin tener un contrato de arrendamiento? ¿Qué sucede si él me echa del mismo?

La relación entre el arrendador y el arrendatario la crea un acuerdo llamado el contrato de arrendamiento. Este acuerdo puede ser escrito u oral, y puede ser todo lo formal o informal que las partes quieran. *No hay requisitos que haya que tener un contrato de arrendamiento formal para alquilar un apartamento.*

Si usted no tiene un contrato de arrendamiento escrito, la ley deduce que hay un arrendamiento por lo menos por el período entre cada pago de renta. Por ejemplo si usted acuerda pagar renta una vez al mes, la ley dice que usted tiene un contrato de arrendamiento de mes en mes. Esto quiere decir que ni usted ni el arrendador pueden terminar el acuerdo sin darle al otro un mes de notificación. Si usted estuviera pagando renta una vez a la semana, su acuerdo sería semanal, y se requeriría una semana de notificación para terminarlo.

En su caso, usted pudiera tener un contrato de arrendamiento tácito con su arrendador. Sin embargo, es solamente, un acuerdo de mes en mes. Esto significa que usted solamente puede abandonar el lugar o ser desahuciado del mismo, después de una notificación de 30 días. Usted también quisiera tener un contrato por escrito para que todos los términos del acuerdo se hicieran constar. Esta es una buena manera de evitar problemas que pudieran surgir sobre quién está obligado a hacer qué cosa; por ejemplo quién debe pagar los servicios públicos (de gas, electricidad, etc.) y las reparaciones.

En cuanto a su pregunta sobre si el arrendador lo pudiera botar de la casa, usted debe leer la siguiente carta.

Si me demoro en el pago de la renta, ¿puede mi arrendador, sacarme de la casa, simplemente?
"No. A usted no lo pueden desahuciar, a menos que haya una audiencia en la corte y solamente lo puede hacer un condestable o un 'sheriff' ".

Querido Señor Alderman:
Recientemente me cesantearon en mi empleo y no tengo suficiente dinero para pagar las cuentas. Ya estoy demorado un mes en el pago de la renta. Acabo de recibir una notificación de mi arrendador de que deje el lugar. Dice que si no estoy fuera en tres días, me hará desahuciar. Yo tengo un lugar para mudarme pero no estará listo hasta dentro de una semana. ¿Tiene el arrendador el derecho de botarme a la calle en tres días?

No. De acuerdo con la ley un arrendador no puede botar personalmente a un inquilino. A usted sólo lo pueden desahuciar después de

(1) que el arrendador comience un procedimiento legal en la corte contra usted; (2) Usted haya tenido la oportunidad de aparecer ante la corte; (3) El juez le ordene que se vaya y (4) Y usted no se ha ido. Aún entonces el desahucio debe ser hecho por un condestable o sheriff, siguiendo una orden de la corte.

Si su arrendador lo botara él sería responsable de los daños que usted sufra, y aún más pudiera tener responsabilidades criminales y civiles. Le sugiero que hable con el arrendador y le diga que usted se va a mudar, y estará fuera en unos días. Le tomará el arrendador por lo menos todo ese tiempo para hacer que lo saquen a usted legalmente y a lo mejor él prefiere cooperar.

Deseo enfatizar un punto. A pesar de que usted se está mudando, usted todavía es responsable por la renta que debe, incluyendo la renta, por el período, que queda del contrato de arrendamiento después que se mude. Su arrendador tiene el derecho de demandarlo para tratar de cobrar ese dinero.

¿Cuándo me puedo mudar?
"Lea su contrato de arrendamiento".

Querido Señor Alderman:
Mi compañía me acaba de transferir a otra ciudad. Cuando le di a mi arrendador notificación de treinta días, me dijo que mi contrato de arrendamiento tenía todavía seis meses más de vigencia. Le dije que me habían transferido y no tenía forma de quedarme. El me dijo que si no podía rentar el apartamento a otra persona, yo tendría que pagarle los seis meses de renta. Esto no me parece justo. ¿No tengo yo el derecho de mudarme si me transfieren de empleo?

Esto puede que no sea lo que usted quiere oir, pero a menos que su contrato lo establezca, usted pudiera no tener derecho a mudarse cuando lo transfieren de empleo y usted pudiera ser responsable de la renta por el período que queda del contrato de arrendamiento. *Un contrato de arrendamiento es un acuerdo legal que obliga a las partes y su situación está controlada por sus términos. Usted solamente puede terminar un contrato de arrendamiento tempranamente por las razones permitidas por el contrato.* Si el mismo dice, por ejemplo, que usted lo puede terminar dando notificación de 30 días, si a usted lo transfieren, entonces, usted estaría en buena situación. Pero si el arrendamiento guarda silencio sobre una terminación temprana usted no puede terminarlo tempranamente, por haber sido transferido. Si usted termina el contrato tempranamente usted pudiera ser responsable por los daños en que incurra el arrendador, incluyendo la renta por el período en que él no pueda alquilar el apartamento a otra persona.

Si usted no tiene un contrato de arrendamiento, la ley implicará que hay uno por el período de tiempo entre los pagos de la renta. Por ejemplo, si paga la renta una vez al mes, la ley creará lo que se llama arrendamiento de mes en mes. Este tipo de arreglo, puede terminarse por cualquiera de las partes, o sea al arrendador o el arrendatario, al darle al otro un mes de notificación. Un contrato de arrendamiento lo protege a usted, al asegurar que el arrendador no dé por terminado el contrato de arrendamiento o suba la renta, pero también protege al arrendador al obligarle a usted por el período completo del arrendamiento. *Si usted cree que usted va a tener que terminar su arrendamiento temprano, asegúrese que haya una cláusula que se lo permita. De otra manera usted va a terminar pagando la renta de dos apartamentos.*

¿Qué pasa si no me devuelven el depósito que di para asegurar el contrato? "Hay una ley".

Querido Señor Alderman:
Mi apartamento era un basurero, mi arrendadora nunca lo arregló y tan pronto como se cumplió el término de mi contrato de arrendamiento me mudé. Ahora la arrendadora se niega a devolverme el depósito. La he llamado y le he escrito varias veces y simplemente no me responde. ¿Es que los arrendatarios en Texas no tienen derechos?

Su arrendadora no puede ilegalmente quedarse con el dinero de su depósito. Si ella lo hace, usted pudiera tener derecho a tres veces su depósito, además de 100 dólares adicionales y cualquier costo de corte y honorarios de abogados, en que usted pudiera incurrir.

Una ley conocida como la "**Ley de Depósitos de Texas**" que no puede ser alterada, eliminada o cambiada por su contrato de arrendamiento, requiere que el arrendador, le devuelva el depósito al arrendatario, dentro de los 30 días siguientes, a la mudada del arrendatario o que le dé al arrendatario noticia por escrito de por qué se ha quedado con el depósito.

Es importante recordar que usted solamente tiene derecho a que le devuelvan el depósito si usted ha cumplido con el contrato y dejado el apartamento en buenas condiciones. Por ejemplo: Si usted se muda antes de la terminación de su arrendamiento, usted pudiera no tener derecho a que le devuelvan el depósito. El arrendador puede también deducir los costos de limpiar el apartamento si usted lo dejó dañado. *No se pueden deducir daños por el uso y desgaste normal.*

Si su arrendador no le ha devuelto el depósito dentro de los 30 días, ni le ha escrito diciéndole por qué no se lo devuelve, usted debe enviarle una carta certificada, con petición de prueba de entrega "return receipt requested", para asegurarse que ella tiene su dirección nueva. Usted también debe decirle que para el caso de recibir la devolución de su depósito pronto, usted se aprovechará de la ley de depósitos. Usted puede usar la carta que sigue como modelo.

(Envíe esta carta por correo certificado, con petición de prueba de entrega, 30 días después de su mudada, si no le ha devuelto el depósito).

Nombre del arrendador
Calle y número
Ciudad, Estado, Código Postal

Estimado arrendador:

En el (día __) me mudé de la casa/apartamento que rentaba de usted. Como estaba dispuesto en nuestro contrato de arrendamiento le di la apropiada notificación y dejé el apartamento en buenas condiciones. También estaba al corriente en el pago de la renta.

Cuando me mudé, le pagué un depósito por (cantidad). Usted no me ha devuelto el depósito como la ley requiere. De acuerdo con la ley, un arrendador debe devolver el depósito o enviar noticia por escrito de las razones de haberlo retenido, dentro de los 30 días, en que el arrendatario deje la propiedad.

A menos que reciba de usted el depósito dentro de un período razonable de tiempo, pienso ir a la corte de reclamaciones menores. Debo decirle que si tengo que ir a la corte, pudiera tener derecho a tres veces la cantidad del depósito, más cien dólares.

Gracias por su esperada cooperación en este asunto. Si me necesita me puede localizar en mi actual dirección que es (dirección).

Sinceramente,
Firme su nombre.

Si usted todavía no recibe el depósito ni la noticia escrita, vaya a la corte de reclamaciones menores. De acuerdo con la ley, un arrendador que actúa de mala fe al no devolver el depósito puede ser responsable por tres veces el depósito, más cien dólares en daños adicionales. *Si el arrendador no le devuelve su dinero o le da una explicación por escrito, la carga de la prueba caerá sobre dicho arrendador que tiene que probar que él no ha actuado de mala fe.* La carga de la prueba también recae sobre el arrendador para probar que cualquier deducción, por el ejemplo, el dinero tomado y aplicado a limpieza, era razonable.

La Ley de Depósitos de Texas es una de las pocas leyes de arrendador y arrendatario que realmente ayuda al arrendatario. Es mi experiencia que una vez que el arrendador sabe que usted *conoce* la ley, él rápidamente le devuelve el depósito. Enviar simplemente esta carta-modelo es suficiente para recuperar su dinero.

¿Qué pasa si mi arrendador no me arregla el apartamento? "Siga pagando renta".

Querido Señor Alderman:
Nada en mi apartamento funciona bien. Parece que cada día algo se rompe, y siempre le lleva al arrendador semanas para arreglarlo. Aunque los problemas sean pequeños es todavía una inconveniencia. La semana pasada, por ejemplo, usé una llave para echar a andar la estufa y apagarla. En estos momentos hay seis cosas que funcionan mal, y ha pasado una semana desde que las reporté. Lo que quisiera hacer es no pagar la renta hasta que todo esté arreglado. El arrendador sigue diciendo que él lo arreglará pero nunca lo hace. ¿Qué me recomienda?

Lo primero que tengo que apuntarle es que, a menos que el contrato de arrendamiento lo diga, su arrendador no tiene la obligación general de reparar la propiedad. Recientemente, sin embargo, se aprobó una ley que requiere que el arrendador arregle las situaciones o condiciones que materialmente afecten la salud y seguridad físicas. De esta ley se trata en la siguiente carta, y no parece que se aplica a su problema. Pequeñas inconveniencias, tales como problemas con una puerta o una gaveta en la cocina, o las perillas de una aparato doméstico, no son la responsabilidad del arrendador, *a menos* que él acuerde hacer esas reparaciones.

Por lo tanto, ¿qué debe usted hacer? Primero, lea el contrato de arrendamiento. Vea a ver si el arrendador se ha hecho cargo de reparar su apartamento. Si es así, debe ponerse en contacto con él, por escrito, pidiéndole que haga las reparaciones necesarias. Si él aún rehusa, usted puede hacerlas usted mismo y recobrar la cantidad que le cuesta en la corte de reclamaciones menores. Usted sin embargo, no puede deducir la cantidad de la renta, a menos, que el arrendador esté de acuerdo.

Aunque el contrato de arrendamiento no diga nada sobre reparaciones, su arrendador puede aún ser responsable, si él ha acordado hacer las reparaciones. Por lo que usted me dice el arrendador ha reparado el apartamento antes y parece entender que ésta es su obligación. Presumiendo que usted puede mostrar que él acordó hacer las reparaciones, entonces él sería responsable, como si esto estuviera en el contrato.

La ley generalmente no le impone la obligación al arrendador de repararle el apartamento a usted, *y en la mayoría de los casos usted debe continuar pagando renta, no importa si su apartamento necesita reparaciones.* Pero hay una excepción a la regla general. Como la siguiente carta muestra, la ley hace que el arrendador lo repare, o le permite a usted mudarse o retener el pago de la renta si no lo hace.

¿Qué puedo hacer, si el apartamento está en tan malas condiciones que no puedo vivir en él?
"La garantía de habitabilidad aquí se aplica".

Querido Señor Alderman:
Necesito ayuda. El techo de mi apartamento tiene goteras y el arrendador no lo arregla. Las goteras siguen empeorando. Y ahora cuando llueve, tengo que irme a otro lugar a dormir. ¿Hay alguna manera en que pueda forzar al arrendador para que arregle este lugar? No quiero mudarme, porque mudarse es muy caro.

Primeramente, *no pare el pago de la renta.* De acuerdo con la ley aunque tenga una reclamación contra su arrendador por no mantener el apartamento, eso no lo excusa de pagar renta, hasta que usted tome todos los pasos necesarios. *Si usted deja de pagar renta su arrendador lo puede desahuciar.* He aquí lo que tiene que hacer para sujetar el pago de renta u obtener el pago de daños.

En 1979, la Legislatura de Texas aprobó una ley que requiere que el arrendador haga un esfuerzo razonable de reparar o remediar cualquier condición que materialmente afecte la seguridad o salud de un arrendatario ordinario una vez que el arrendatario de una notificación al arrendador del problema. Esta ley le impone una obligación al arrendador de hacer que el apartamento sea habitable. Si el arrendador no cumple con la ley usted pudiera tener el derecho de retener el pago de la renta y hacer que le hagan las reparaciones, u obtener una reducción de renta y una penalidad de un mes de renta más cien dólares, o usted puede que tenga el derecho de terminar el arrendamiento y mudarse. Enmiendas recientes a la ley le permiten a usted hacer que las situaciones o condiciones se reparen por disposición suya, y que la cantidad se rebaje de la renta. Si:

(a) El arrendador ha dejado de remediar el retroceso de aguas de albañal y el derrame de aguas residuales dentro de la habitación del arrendatario, o la inundación causada por la rotura de cañerías o de desague natural dentro de la morada.

(b) El arrendador ha acordado en forma expresa o tácita en el contrato de arrendamiento de proporcionar agua potable a la morada del arrendatario y el servicio de agua ha dejado totalmente de funcionar.

(c) El arrendador ha acordado tácita o expresamente en el contrato de arrendamiento, proporcionar equipo de calefacción o de enfriamiento; el equipo está produciendo una cantidad inadecuada de calor o frío; y al arrendador se le ha notificado por escrito por el funcionario o autoridad apropiada de viviendas, edificaciones o salud de la localidad o por cualquier otro funcionario que tiene jurisdicción, que la falta de calor o de frío afecta materialmente la salud o seguridad de un arrendatario ordinario.

(d) Se le ha notificado al arrendador, por escrito, que el funcionario apropiado de viviendas, construcción o de salud u otro funcionario que tenga jurisdicción, que la condición afecta materialmente la salud o seguridad de un arrendatario ordinario.

He aquí como funciona la ley. Primero usted tiene que darle a su arrendador notificación por escrito sobre los problemas de su apartamento. Le recomiendo le envíe esta notificación por correo certificado, con prueba de entrega. Explique el problema, y dígale al arrendador que materialmente le afecta la salud y seguridad. Después, de acuerdo con la ley, el arrendador tiene un tiempo razonable para arreglar el problema. Lo que es razonable depende de los hechos de la situación, pero un techo con goteras es una situación seria y yo diría que unos pocos días es un tiempo razonable.

Si no le reparan el apartamento, dentro de un tiempo razonable, usted debe darle al arrendador, una segunda notificación de que usted terminará el contrato de arrendamiento, reparará la condición usted mismo, o establecerá una acción civil por daños. Si usted termina el arrendamiento, usted tendrá derecho a que le devuelvan la renta pagada por el período después que usted se mudó. Si usted quiere quedarse, pero quiere que le paguen los daños, usted puede demandar usted mismo, en la corte de reclamaciones menores por hasta $1000 dólares por daños, o usted puede ordenar que se hagan las reparaciones y retener el costo de las rentas.

En sumario:

1. La ley de Texas impone una obligación a los arrendadores de hacer un esfuerzo diligente de reparar cualquier condición que materialmente afecte la salud y seguridad física de un arrendatario razonable.

2. Usted debe darle al arrendador una notificación de la condición y un tiempo razonable para repararla.

3. Si no se repara, usted debe darle al arrendador una segunda notificación que si no la repara, usted o terminará el arrendamiento, buscará que le pague daños o hará que se hagan las reparaciones deduciendo los costos de las rentas.

4. Si el arrendador no repara la condición, usted tiene derecho a mudarse, hacer que la condición se repare, demandar y forzar una rebaja de rentas, o recobrar daños de un mes de renta más cien dólares. Si usted tiene que emplear a un abogado, el arrendador deberá pagar por los honorarios de su abogado, si usted gana.

Aquí hay algunos formularios de cartas que usted puede usar para mostrarle al arrendador que usted actúa seriamente y que conoce la ley.

(Mande esta carta, después que el arrendador no haya hecho las reparaciones. Mándela por correo certificado, con prueba de entrega. Asegúrese de conservar una copia).

Arrendador
Calle
Ciudad, Texas, 77000

Estimado Señor:
   En (fecha) descubrí (diga la naturaleza del problema), que el techo de mi apartamento tenía goteras.

(Esta carta continúa en la siguiente página)

Esta condición afecta la salud y seguridad materialmente de cualquier arrendatario ordinario.

Por favor, repare esta condición inmediatamente. Si necesita más información o quisiera arreglar los detalles para que un reparador entre en mi apartamento, me puede llamar durante el día al (teléfono número) y durante la noche al (teléfono).

Gracias por la esperada cooperación en este asunto.

Sinceramente,
Su nombre

(Si después de un período razonable de tiempo, no se han hecho las reparaciones, mande la siguiente carta. Mándela por correo certificado, con prueba de entrega. Asegúrese de conservar una copia).

Arrendador
Calle
Ciudad, Texas 77000

Estimado Señor:

En (fecha) le escribí en relación (naturaleza del problema) las goteras que había en el techo del apartamento. Le añado una copia de dicha carta.

Ha pasado más de un razonable período de tiempo para que usted hiciera las reparaciones y usted no las ha hecho. Como le dije en mi carta anterior, esta condición, materialmente afecta mi seguridad y salud física.

A menos que se hagan las reparaciones, intento, o terminar el arrendamiento, o pedir que me pague los daños, por usted no reparar la condición señalada, o hacer que reparen el problema y retener el costo de las rentas. Le advierto que de acuerdo con la ley yo pudiera tener derecho a una devolución de cualquier renta que le haya pagado si termino el contrato, o una penalidad de un mes de renta más cien dólares, y los costos de la corte más los honorarios de mi abogado si presento la reclamación por daños.

Espero que no sea necesario tomar ninguna acción adicional. Gracias por la cooperación que espero de usted.

Sinceramente,
Su nombre.

Mi arrendador me mintió. ¿Qué puedo hacer?
"Se aplica la ley de prácticas
comerciales engañosas de Texas".

Querido Señor Alderman:
Me acabo de mudar para un nuevo apartamento. Cuando miré los modelos el agente de arrendamientos me dijo que cuando se mudaba a un apartamento un nuevo arrendatario, se pintaba el apartamento y se le daba una limpieza con champú a las alfombras. Yo debía mudarme en un sábado, y fui a ver la unidad el miércoles. No había sido limpiada, y mucho menos pintada. El agente me dijo, de nuevo, que sería pintada para el momento de mi mudada el sábado. El sábado llegué con mis muebles y la unidad estaba limpia pero no había sido pintada. Tampoco se le había dado champú a las alfombras. El dueño había cambiado de opinión y en lo sucesivo no iba a pintarlas. ¿Cuáles son mis derechos?

Cada vez que alguien alquila cualquier cosa, incluyendo un apartamento, la ley de prácticas comerciales engañosas de Texas se aplica. De acuerdo con la ley (De la que tratamos en el capítulo X), es ilegal, informar mal sobre las cualidades o características de algo. Por ejemplo, decirle al arrendatario que un apartamento se iba a pintar, cuando esto no era cierto es una información incorrecta. De acuerdo con mi opinión, el arrendador ha violado la ley de prácticas comerciales engañosas de Texas al no darle a usted el apartamento que le describió. Debo señalarle también que debido a que el agente es el empleado autorizado por el dueño, el dueño es responsable por las informaciones dadas por el agente.

Le sugiero que vuelva a leer el Capítulo Diez, y luego envíe las apropiadas notificaciones al arrendador, demandando, que le pinten la unidad y que le limpien con champú las alfombras, como se le prometió o que usted sea razonablemente compensado. Una cantidad justa sería lo que usted tendría que pagar a alguien para que le hagan esos servicios. Si el arrendador no cumple y usted tiene que ir a la corte para cobrar, usted de acuerdo con la ley tiene derecho al triplicado de los daños, más los costos judiciales y los honorarios del abogado que se causen. Prácticamente, es muy poco probable que usted termine en la corte. Usualmente, estos problemas se resuelven una vez que la otra parte sabe que usted conoce sus derechos.

¿Puedo sub-arrendar?
"No sin consentimiento".

Querido Señor Alderman:
Tengo una simple pregunta que hacerle. ¿Tengo el derecho de sub-arrendar mi apartamento? Me quedan siete meses en mi contrato de arrendamiento, y me voy a casar. Lo que quisiera hacer es sub-arrendárselo a un amigo por el término restante del contrato.

Puede que no le guste la respuesta, pero la ley es clara. *Usted no puede sub-arrendar, a menos, que el contrato de arrendamiento, en forma expresa, le de ese derecho.* De acuerdo con la ley, un arrendatario no tiene el derecho a sub-arrendar. Este derecho sólo se lo puede dar a usted el arrendador. Le sugiero que lea el contrato de arrendamiento cuidadosamente para ver si dice algo sobre sub-arriendos. Si no dice nada, entonces, usted no tiene el derecho de sub-arrendar.

Aunque el contrato de arrendamiento no le de a usted el derecho de sub-arrendar pudiera ser que el arrendador lo apruebe. Usted debe hablar con él y tratar que él esté de acuerdo. Usted también debe recordar, que aunque él esté de acuerdo, usted será responsable del pago de la renta si el sub-arrendatario no la paga.

¿Puede mi arrendador, simplemente, entrar en mi apartamento y tomar mis propiedades si yo no le pago la renta?
"Posiblemente".

Querido Señor Alderman:
Lo admito. Debiera pagar la renta y yo tengo la culpa de la demora, pero ¿tiene mi arrendador el derecho de simplemente entrar en mi casa y llevarse el televisor y el estéreo cuando me retraso en el pago? Llegué a mi casa anoche y había una nota en la que se me decía, que tan pronto como pagara la renta me devolverían mis propiedades. Yo pienso pagar la renta mañana pero quiero saber si lo que hizo mi arrendador era legal.

La respuesta es sí, si todos los pasos de la ley han sido seguidos. Lo que su arrendador está haciendo es haciendo valer lo que se llama "derechos de retención del arrendador" o "renters lien". Esto permite al arrendador entrar pacíficamente en su apartamento y tomar sus propiedades hasta que usted le pague la renta. Si usted no le paga él tiene el derecho de vender esas propiedades. Pero para afirmar o hacer valer este derecho de retención hay ciertos requisitos a cumplir.

Primero. El derecho de hacer valer este derecho de retención debe de imprimirse en letras subrayadas o impresas con letras negritas destacadas en su contrato de arrendamiento. Lea su contrato de arrendamiento con cuidado; si el derecho de retención no aparece, el arrendador no tiene el derecho de tomar sus propiedades y si lo hace, en efecto esto podía ser un hurto, que le daría a usted derecho a reclamar substanciales daños. Segundo, hay solamente ciertas propiedades que un arrendador puede ocupar usando este derecho de retención. He aquí una lista de lo que la ley dice que el arrendador *no puede ocupar o tomar:*

1. Ropa para su uso.
2. Herramientas, aparatos o libros de un oficio o profesión.
3. Libros escolares.
4. Una biblioteca familiar.
5. Retratos o cuadros de la familia.
6. Un sofá, dos sillas de sala, y una mesa de comedor con sillas.
7. Camas y artículos de camas.
8. Muebles de la cocina y utensilios.
9. Comidas y alimentos.
10. Medicinas y suministros médicos.
11. Un auto y una camioneta o camión.
12. Implementos agrícolas.
13. Juguetes de niños no usados comunmente por adultos.
14. Bienes que el arrendador o el agente del arrendador saben que son propiedad de una persona que no es el arrendatario o de un ocupante de la residencia. Y
15. Bienes que el arrendador o el agente del arrendador saben que están sujetos a derechos de prenda inscritos o a acuerdos financieros.

Si el arrendador ha tomado cualquier propiedad de estas ha violado la ley. Finalmente, el arrendador debe dejarle una nota, diciéndole lo que tomó y lo que usted tiene que hacer para que se lo devuelvan (la nota también debe decir cuánto usted debe por rentas atrasadas). Lo importante es que aunque el arrendador tiene el derecho de tomar esas propiedades según el derecho de retención del arrendador, a veces no se cumplen con los requisitos de la ley y el arrendador está actuando en forma equivocada. Si usted piensa que el arrendador ha actuado injustamente, hable con él y trate de que le devuelva sus propiedades. Si no lo logra, usted debe considerar usar la corte de reclamaciones menores o un abogado. De acuerdo con la ley, un arrendador que viole las provisiones de la ley del derecho de retención es responsable de todos los daños que sufra el arrendatario, y un mes de renta o $500, cualquiera que sea mayor, y además los honorarios del abogado.

Mi arrendador me ha dejado fuera de la casa. ¡Socorro! "Hay una ley".

Querido Señor Alderman:
Recientemente perdí mi empleo y me atrasé en el pago de la renta. Anoche cuando llegué a mi casa, mi arrendador había cambiado las cerraduras de la puerta de mi apartamento y me dijo que me fuera de la propiedad hasta que pudiera pagarle cierta suma de dinero. No tengo ninguna forma de obtener el dinero que le debo, y yo lo que quiero es obtener mis cosas e irme. ¿Por cuánto tiempo puede él tener todas mis propiedades?

A menos que su arrendador tenga un derecho de retención y esté actuando de acuerdo con la ley del estado (lea la carta anterior) él no puede retenerle la propiedad, de ninguna manera. *En realidad, es ilegal que un arrendador lo tenga fuera de la propiedad, no importa, cuánto dinero usted le deba.* De acuerdo con la ley, el arrendador tiene el derecho de cambiar la cerradura de las puertas en su apartamento, pero él debe darle a usted notificación, de dónde está la llave y él debe dejarlo a usted entrar, cuando usted quiera. El tampoco puede evitar que usted saque sus propiedades y se mude. Como le dije anteriormente solamente si él tiene el derecho de retención (landlord's lien) él puede retenerle sus propiedades.

Le sugiero que hable con el arrendador y le deje saber que usted conoce la ley. Un arrendador que ilegalmente le cierra el apartamento a usted puede ser responsable civilmente de una cantidad substancial por daños.

¿Debo vivir en un complejo de apartamentos con niños? "Sí, a menos que el complejo sea para personas mayores de 55 años de edad".

Querido Señor Alderman:
Vivo en un complejo de apartamentos, muy agradable, fuera (y a

poca distancia) de los límites de la ciudad. He vivido allí por cinco años y siempre había sido "para adultos solamente". Recientemente, varias familias con niños se mudaron a dicho complejo y todo el ambiente ha cambiado. Ya no es más el lugar tranquilo que era. Me despiertan, en las mañanas, de los fines de semana, los ruidos de juguetes motorizados en el patio.

Me quejé a la gerencia y me dijeron que no hay nada que yo pueda hacer; hay una nueva ley que requiere que ellos le renten a personas con niños. ¿Hay esa ley? ¿No tengo yo el derecho de vivir donde quiero?

De acuerdo con una enmienda reciente a la ley federal de justicia en las viviendas "Fair Housing Act" es ilegal discriminar contra familias con niños con respecto a la vivienda. Esto quiere decir que un arrendador debe arrendarle a cualquiera, no importa si son casados, solteros o tengan niños. Las únicas restricciones que se pueden poner son las que se aplican a todos. Por ejemplo, el número de ocupantes por unidad se puede limitar. No puede estar sin embargo limitado a adultos (nada más).

Hay una mayor excepción a esta ley, sin embargo, que pudiera ayudarle. Si el conjunto tiene más de 80 por ciento o más unidades ocupadas, por lo menos por una persona de más de 55 años, no se le requiere que tome niños. Si usted tiene más de 55 años sería una buena idea que buscara uno de esos conjuntos de apartamentos para personas de mayor edad solamente. El aceptar personas de mayor edad o "seniors" solamente, es otra manera de decir que no quieren niños.

Un punto final. Sólo, porque los apartamentos no pueden discriminar contra niños o familias con niños, no quiere decir que pueden perturbar la paz y la tranquilidad. Si los niños se están despertando muy temprano y están haciendo mucho ruido, el gerente tiene el derecho de insistir en que permanezcan tranquilos. Le sugiero que hable con la administración y le pida que tome medidas para asegurar que los niños cumplan con las mismas reglas y regulaciones que todos los demás.

Me rehusaron el alquiler de un apartamento porque me dijeron que mi silla de ruedas arruinaría la alfombra. ¿Es esto legal? "No, no se puede discriminar contra las personas inhabilitadas o minusválidas".

Querido Señor Alderman:
Soy incapacitado, confinado a una silla de ruedas. Recientemente encontré el apartamento perfecto y cuando fui a firmar el contrato

de arrendamiento, el arrendador me dijo que buscara en otra parte. Me dijo: "Su silla de ruedas arruinaría la alfombra". ¿Es esto legal? Yo creía que habían nuevas leyes de protección a los incapacitados. Me doy cuenta, que mi silla puede hacer algunos daños, pero estoy dispuesto a pagar por ellos.

Usted tiene razón. Recientes enmiendas a la ley federal de justicia en la vivienda prohiben la discriminación contra una persona incapacitada. La incapacidad se define para incluir cualquier impedimento físico o mental que substancialmente limite una o más de principales actividades vitales de esas personas.

Basado en lo que usted dice, el arrendador ha actuado ilegalmente. De acuerdo con la ley, él pudiera estar sujeto a penas civiles de hasta $10,000. Usted puede hacer valer esta ley privadamente, con la ayuda de un abogado o usted se puede poner en contacto con el Departamento de Viviendas y Desarrollo Urbano (Department of Housing and Urban Development). Por lo menos, yo, me pondría en contacto con el arrendador para dejarle saber lo que dice la ley. Espero que él haya estado solamente mal informado y que ahora tome medidas para cumplir con la ley.

CAPITULO TRECE

Ordenes por Correo y Ventas por Teléfono

Las órdenes por correo y las ventas por teléfono son grandes negocios. Hoy usted puede comprar cualquier cosa, desde comida, ropa, a muebles por catálogo. Usted puede comprar en la privacidad de su casa u oficina, sin que un vendedor, lo esté presionando a que compre. Para el trabajador muy ocupado, los catálogos y los anuncios de periódico han reemplazado a la tienda por departamentos.

Pero comprar desde la casa tiene una desventaja grande: usted no ve lo que está comprando y usted no lo recibe tan pronto como lo selecciona. Cuando usted va a una tienda y compra un par de zapatos de correr, usted escoge el tamaño y estilo que quiere, se los prueba, los paga y se va. Usted va rumbo a su casa para usarlos.

Pero cuando usted compra el mismo par de zapatos para correr por medio del correo, usted debe primeramente pagar y luego esperar a que lleguen. Y pueden pasar dos cosas malas: (1) que nunca lleguen o (2) no son lo que usted pensaba que eran. Estos son los riesgos inherentes a la compra por correo o teléfono; usted debe pagar primero y esperar por los artículos, que usted no puede examinar hasta que lleguen, si es que llegan. Sin embargo, las próximas cartas, le mostrarán que comprar por correo o teléfono no tiene que ser riesgoso. Hay leyes que aseguran que usted pueda disfrutar de la conveniencia de comprar en casa, sin el riesgo de nunca recibir por lo que usted pagó.

¿Qué puedo hacer si los artículos nunca llegan?
"La próxima vez use una tarjeta de crédito".

Querido Señor Alderman:
Vi un anuncio en una revista de un Removedor mágico de cucara-
chas, que garantizaba que mantendría las cucarachas fuera de mi

hogar durante dos meses. Le mandé a la compañía $19.95, más los gastos de correo, hace más de cinco semanas. Todavía no he recibido el mata-cucarachas, y la compañía no contesta mis cartas. Ellos, sin embargo, cambiaron mi cheque. ¿Qué puedo hacer para que me devuelvan el dinero? La compañía está en Iowa.

Tengo buenas y malas noticias para usted. La mala noticia es que a lo mejor usted ha tenido mala suerte, a menos que la compañía voluntariamente le devuelva el dinero. *Las buenas noticias son que usted puede evitar ese problema en el futuro, aprovechando una ley federal: La ley de justas cuentas de crédito (Fair Credit Billing Act).*

Primero, sobre lo que usted puede hacer ahora. Como la siguiente carta trata con mayor latitud, de acuerdo con la ley, una compañía de órdenes por correo, puede esperar solamente 30 días para enviarle los artículos ordenados. En su caso ya ellos se han demorado, sobrepasando ese período. El problema es que para hacer valer sus derechos contra la compañía tendría que demandar, y aunque usted use la corte de reclamaciones menores de Texas, usted probablemente no tiene suerte porque le costaría más hacer valer sus derechos que lo que usted ha perdido en el asunto. Usted puede tomar medidas para evitar que esto le suceda a otros, poniéndose en contacto con el Better Business Bureau (Oficina de Mejores Negocios), la Comisión de Comercio Federal, (Federal Trade Commission) y la oficina del Fiscal General a quienes le puede decir su problema.

Y, ¿qué puede usted hacer para evitar eso en el futuro? *Use una tarjeta de crédito cuando ordene cosas por correo.* De acuerdo con la Ley de justas cuentas de crédito, la compañía de la tarjeta de crédito no puede cobrar por artículos que usted ordenó pero nunca recibió. Si usted hubiera pagado por los artículos, con una tarjeta de crédito, usted simplemente podría ponerse en contacto con la compañía de la tarjeta de crédito y decirle que hay un error en la factura y que usted no va a pagar la cuenta. Esto es lo que tiene que hacer para protegerse.

Cuando los bienes o artículos nunca llegan:

Cuando muchos consumidores, encuentran un error en su cuenta, como por ejemplo, un cargo por mercancías o bienes que nunca llegaron, toman el teléfono y llaman a la compañía para corregir el problema. Usted puede hacer esto si lo desea, pero telefonear, no echa a andar las salvaguardias legales, previstas por la ley. Para estar protegido, bajo la Ley de justas cuentas de crédito, usted debe enviar una notificación, por *escrito*, separada, del error en la cuenta a la compañía de la tarjeta de crédito. Su notificación debe llegar a la compañía, dentro de los 60 días siguientes, al que la primera cuenta, que contenía el error fue enviada a usted por correo. Envíe la notificación a la dirección dada en la cuenta para notificaciones de errores de cuenta (y no por ejemplo, directamente a la tienda, a menos que la cuenta diga que este es el lugar donde hay que mandarla). En su carta, usted debe incluir la siguiente información: su nombre y número de cuenta; una declaración que usted cree que la cuenta contiene un error de factura y la cantidad en dólares que involucra, y las razones por las que cree que es un error, (la mercancía nunca llegó). Es una buena idea enviarla por correo certificado, con recibo de entrega. De esa manera usted tendrá pruebas de las fechas de envío por correo y recibo. Si quiere, mande fotocopias de las órdenes de compra u otros documentos, pero conserve los originales para su archivo.

¿Qué debe hacer la compañía de la tarjeta de crédito?

Su carta reclamando un error en la cuenta debe recibir un acuse de recibo de la compañía de la tarjeta de crédito dentro de los 30 días de haberla recibido, a menos que el problema se resuelva dentro de ese período. En todo caso, dentro de dos ciclos de facturación, (pero no más de 90 días), el acreedor debe conducir una razonable investigación y corregir el error o explicar por qué cree que la cuenta está correcta.

¿Qué pasa mientras la compañía de la tarjeta de crédito investiga?

Usted puede retener el pago de la cantidad en disputa, incluyendo las partes afectadas de pagos mínimos o cargos por financiamiento, hasta que la disputa se resuelva. A usted todavía se le requiere que pague la parte de la cuenta, que no disputa, incluyendo los cargos de financiamiento en las cantidades no disputadas.

Mientras el procedimiento para arreglar la disputa, de acuerdo con la Ley de justas cuentas de crédito, va en camino, el acreedor no puede tomar ninguna acción legal para cobrar la cantidad en disputa. No se le puede cerrar la cuenta a usted, ni se le puede restringir la cuenta, de ninguna manera. Excepto que la cantidad disputada se pueda aplicar a su límite de crédito.

¿Qué pasa una vez que la compañía de la tarjeta de crédito, determina que usted nunca recibió los artículos?

Si se encuentra que su cuenta contiene un error de facturación (los artículos nunca llegaron) el acreedor debe escribirle, explicándole las correcciones que se harán en su cuenta. Además de acreditar en su cuenta la cantidad no debida, el acreedor debe remover todos los cargos por financiamientos o recargos por demora, u otros cargos que se relacionen con la cantidad en cuestión.

La compañía de la tarjeta de crédito debe seguir este procedimiento o si no lo hace estará violando la ley federal. Si usted cree que la compañía de la tarjeta de crédito no ha cumplido con la ley, usted debe reportar esto a la oficina regional más cercana de la Federal Trade Commission, Fair Credit Billing, Washington, D.C. 20580.

¿Cuánto tiempo tengo que esperar?
"Treinta días".

Querido Señor Alderman:
Hace tres meses ordené un nuevo traje de baño. Costó más de $30.00 dólares. Todavía no he recibido el traje y ya estamos casi en el otoño. La compañía me sigue diciendo que llegará en cualquier día de estos. ¿Qué puedo hacer? Quiero que me devuelvan el dinero, no que me manden un biquini para usarlo en invierno.

De acuerdo con la ley federal, el vendedor debe enviar la mercancía dentro del tiempo prometido. Si no se ha señalado el tiempo, hay una presunción de que 30 días es un plazo razonable. *Si su traje de baño no ha llegado dentro de 30 días, la compañía debe notificarle a usted cuando se lo envíe y permitir que usted cancele la orden si cambia de opinión.*

Basado en su carta, parece que la compañía ha violado la ley y que usted tiene el derecho de cancelar y obtener la devolución de su dinero. Le sugiero que le escriba a la compañía, una vez mas, vía correo certificado, con prueba de entrega, y le diga que usted quiere cancelar la orden. Si usted no recibe la devolución de su dinero, usted debe ponerse en contacto con la Federal Trade Commission y decirle que la compañía ha violado las reglas de órdenes por correo.

Usted debe también saber que la compañía, por violar la Ley federal, probablemente violó también la ley de prácticas comerciales engañosas de Texas. Esto quiere decir que el Fiscal General pudiera tomar acción contra la compañía y que usted pudiera presentar demanda ante la corte de reclamaciones menores y demandar compensación equivalente a tres veces los daños sufridos. El problema de presentar una demanda contra la compañía es que está muy lejos y cobrar resultaría muy difícil.

Por eso, ¿qué puede usted hacer? Lea la carta anterior a ésta, y la próxima vez asegúrese de usar una tarjeta de crédito.

¿Qué pasa cuando llega el artículo equivocado? "Protéjase".

Querido Señor Alderman:
Recientemente ordené una chaqueta de damas talla 12, de una compañía en Nueva York. Llegó tres semanas más tarde y era un tamaño 42 de hombre. La devolví a la compañía y le pedí que me enviara otra. Ellos no me han enviado la nueva chaqueta, y ya han cobrado el cheque por $50. ¿Qué puedo hacer? No creo que la compañía esté haciendo negocios al presente.

Si usted hubiera leído la carta anterior a esta usted sabría que hay una ley federal que requiere que las compañías envíen los objetos o mercancías, o le den una devolución dentro de treinta días. El problema es que aunque usted tiene derecho a la chaqueta, o a la devolución de su dinero, sería muy difícil, si no imposible, para usted cobrar. Tener derechos de acuerdo con la ley no tiene valor ni sentido, a menos que la compañía contra la que usted tiene derechos sea solvente y esté en una localidad, donde a usted le sea conveniente demandar.

Por eso. ¿Qué puede usted hacer? Primero, reporte la compañía a la Federal Trade Commission por violar la ley federal de órdenes por correo. Luego, si la compañía tiene una oficina local, o tiene propiedades en Texas, usted puede demandarla en la corte de reclamaciones menores. De su carta, sin embargo, parece que la compañía ha desaparecido con su dinero, y ahora lo único que a usted le puede preocupar es que no vuelva a pasar.

En el futuro para protegerse, asegúrese de usar una tarjeta de crédito, cuando ordene por correo. Entonces, si usted no recibe lo ordenado, la ley de justa facturación de crédito, le permite retener el pago a la compañía de la tarjeta de crédito. Para enterarse cómo funciona esta ley, lea la carta en la página 126.

Yo nunca ordené eso. ¿Qué puedo hacer? "Acepte el regalo".

Querido Señor Alderman:
El otro día llegué a casa y encontré una caja en la puerta. Era de una compañía en Nebraska, de la que nunca había oído. Adentro había todo tipo de cosas: juguetes, papelería, ceniceros, y baratijas. La carta que venía con la cosas decía que se me había enviado bajo mi aprobación y que podía conservarla solamente por $49.95 o devolverla. El correo quiere cinco dólares por devolver esos trastos y yo no quiero pagarlos. No me parece justo que yo tenga este problema debido a esta estúpida compañía. ¿Hay algo que pueda hacer?

Usted tiene suerte. La ley federal y la de Texas dispone que usted puede tratar cualquier mercancía no solicitada como un regalo. *Si usted no ordenó los objetos* (tenga cuidado, porque pueda que usted haya firmado algo hace algún tiempo acordando aceptar esos objetos sujetos a su aprobación) *usted puede hacer lo que quiera con ellos.* Creo que para ser cortés, usted debería escribirle a la compañía una carta y agradecerles el regalo y decirles que le alegrará recibir otros regalos de ellos en el futuro. Si no quiere conservar la mercancía, usted podría decirle a la compañía, que si ellos le mandan el costo del correo, usted se los devolvería. Desde luego, si usted quiere puede simplemente botar la caja.

El requisito, a cumplir, antes que los bienes puedan ser tratados como regalo es que usted no los haya ordenado o solicitado. Para asegurarse que usted no los ordenó, usted puede escribirle a la compañía, vía correo certificado, con prueba de entrega, y pedirle prueba de que usted ordenó los artículos. Usted puede decirle a la compañía, que a menos que ellos puedan probar que usted ordenó los artículos, usted se quedará con ellos como lo permite la ley.

La ley de Texas es corta, y yo he pensado que me gustaría dejarle ver lo que dice:

A menos que se haya acordado de otra manera, cuando se envían artículos, no solicitados a una persona, ésta tiene el derecho de rehusar a aceptar la entrega de los artículos y no está obligado a devolver estos artículos al que los envía. Los artículos recibidos debido a un error de buena fe, se deben devolver, pero la prueba del error en el envío recae sobre el que lo envía. Si dichos artículos no solicitados están dirigidos o se envían al recipiente, se deben considerar, como un regalo al recipiente, que puede usarlos o disponer de ellos de cualquier manera, sin tener ninguna obligación con el que envió los artículos. Sin embargo, se hace constar, que las provisiones de esta ley no se aplicarán a los artículos enviados en substitución de artículos ordenados o solicitados por el recipiente.

Recuerde: Esta ley se aplica solamente a mercancía no solicitada. Si usted autoriza a una compañía para enviarle mercancías sujetas a su aprobación, tales como un club de libros, usted no tiene el derecho de conservarlo y usted debe afrontar el costo de devolver el artículo.

CAPITULO CATORCE

Problemas de Vecinos

LA mayoría de nosotros nos llevamos bien con los vecinos, y si se presenta una disputa la resolvemos hablando y llegando a un compromiso justo. Pero, a veces, usted puede tener un problema con su vecino que usted no puede arreglar, y entonces saber sus derechos de acuerdo con la ley, puede ayudarle a decidir los pasos a seguir.

El mejor consejo que le puedo dar es que trate de arreglar las disputas de una manera amistosa. La ley está establecida para ayudar en las situaciones en que las partes no pueden arreglarse. Recuerde, que ustedes pueden ser vecinos por mucho tiempo. La llave para tratar con sus vecinos es el compromiso.

El árbol de mi vecino cayó sobre mi auto.
¿Quién es responsable?
¿Por qué cayó el árbol?

Querido Señor Alderman:
La semana pasada hubo una fuerte tormenta de truenos. El viento tumbó el árbol de mi vecino, y parte del árbol cayó sobre mi auto. Los daños a mi auto costarán aproximadamente $1,500 para repararlos. Yo tengo seguro, pero tiene un deducible de $500. Yo he hablado con mi vecino pero él rehusa pagar y dice que él no tuvo la culpa. ¿Tengo algún derecho? ¿Puedo forzarle a que me pague?

Su vecino puede que no tenga que pagar por los daños causados a su auto, aunque fueran causados por el árbol de él. *De acuerdo con la ley, su vecino es responsable solamente ante usted si fue negligente en el cuidado del árbol.* En otras palabras, si el árbol, estaba sano y se cayó debido a un viento muy fuerte y poco usual, su vecino probablemente no tenga ninguna responsabilidad civil. Pero, si el árbol estaba enfermo, y su vecino lo sabía, él pudiera ser responsable si el árbol cayó durante una tormenta regular, una que no hace caer a árboles saludables.

Las personas tienen un deber con sus vecinos de conservar la propiedad de ellos, de una manera que no cause daños a sus vecinos. Si su vecino fue negligente en el cuidado de su propiedad, él es responsable del daño causado. Pero su vecino no es responsable de "un acto de Dios", que no se podía prevenir, aun por la persona más cuidadosa.

¿Qué pasa si el hijo de mi vecino se lesiona jugando en mi patio? "Probablemente usted no sea responsable".

Querido Señor Alderman:
No quiero parecer, como alguien a quien no le gustan los niños. Me gustan, pero los niños de mi vecino me preocupan. Parece que encuentran el techo de mi casa, como un emocionante lugar para jugar, y la semana pasada, encontré a dos niños de 9 años de edad, subidos en el techo. Ellos se suben por la cerca y entonces se pasean como quieren. Lo que necesito saber es si tengo problemas si ellos se lesionan allí. He hecho todo lo posible para pararlos, pero ellos continúan regresando.

Si usted ha hecho todo lo que una persona razonable pudiera hacer para que esos muchachos no se suban al techo de su casa, entonces, probablemente, usted no sea responsable si uno de los niños se hiere o lesiona. *La ley solamente le impone a usted el deber de tomar el cuidado ordinario para evitar que esos niños, que están allanando su propiedad, se hieran o lesionen.* Esto quiere decir, tomar los pasos razonables para evitar que estén en su propiedad, y no dejar, condiciones inusualmente peligrosas donde los niños juegan. Por ejemplo, si los niños suben una cerca para llegar hasta su propiedad, usted probablemente no sea responsable si ellos se caen y se hieren. Pero si usted dejara un arma de fuego afuera, donde usted sabe que los niños juegan, usted pudiera ser responsable si uno de ellos se hiere de un balazo. La medida del asunto es lo que una persona razonable haría en una situación similar.

Hay una excepción a la regla general que usted debe saber. Es la doctrina conocida como la "molestia atractiva" (attractive nuisance) que exige una diligencia o deber mayor en el propietario, cuando hay una condición que se sabe atrae a los niños. Por ejemplo, todos sabemos, que a los niños les gustan las piscinas o albercas. Si usted tiene una alberca en su patio, la ley presume, que usted sabe que los niños tratarán de usarla y le impone la obligación, de tomar medidas extras, para evitar que entren, o sea para mantenerlos fuera. Mientras, una persona, por lo general no tiene el deber de cercar su propiedad, para mantener fuera a los allanadores, al dueño de casa, que tenga una alberca se le pudiera requerir que lo haga.

¿Cómo puedo hacer que se calle el perro ladrador de mi vecino?
"Puede que haya una ley".

Querido Señor Alderman:
¿Por qué los perros más pequeños, son lo que hacen más ruido? Mi vecina tiene un perrito que ladra todo el día, cuando ella se va. Mi vecina deja el perro afuera y él se para en la cerca y ladra. Me está volviendo loco. Esto sería suficientemente malo pero además ella deja salir al perro cada mañana a las 6:00 A.M. cuando el perro quiere entrar de nuevo, como unos cinco minutos más tarde, empieza entonces a ladrar. He hablado con mi vecina y ella dice, que no hay nada que ella pueda hacer, pues los perros son así. No quiero meterme en una discusión con ella sobre quien tiene o no tiene la razón, hasta que no sepa mis derechos. ¿Tiene un vecino el derecho de forzar a alguien para que haga que el perro deje de ladrar así?

Me ha sorprendido la cantidad de personas que me han escrito sobre perros ladradores y desafortunadamente no tengo una respuesta sencilla. Hay, sin embargo, dos áreas de la ley, que pudieran ayudarle.

De acuerdo con principios legales generales, usted no puede usar o mantener su propiedad, de una manera que sea una molestia para otros. Si el perro ladrador está seriamente interrumpiendo el disfrute de su propiedad, usted puede demandar a su vecina para forzarla a hacer que eso se pare. La medida del asunto, es si una persona razonable, estaría seriamente perturbada por un perro. Por ejemplo, si el perro ladra sólo ocasionalmente, durante el día, algo que todos los perros hacen, usted, probablemente, no tendría base para su objeción. Pero, si ladra durante toda la noche, su vecina está probablemente manteniendo una molestia. Si el perro es una molestia, usted puede establecer un juicio para hacer que esa molestia pare.

Antes de que usted considere establecer una demanda, sin embargo, debe ver si hay algunas ordenanzas o leyes locales que traten directamente el punto. Lo primero que le recomiendo es que se ponga en contacto con el cuerpo gubernamental local. Muchas ciudades y condados tienen leyes regulando a los perros ladradores, y usted pudiera obtener que ellos hagan valer la ley. Si no hay leyes u ordenanzas específicas, entonces usted tendría que establecer una acción civil, una cosa que cuesta mucho dinero y tiempo de hacer.

El mejor consejo que le puedo dar es que trate de hablar con la vecina y resolverlo. Usted podrá tener la razón legalmente, pero pudiera ser muy difícil de probar y de ejecutar o hacer valer.

El perro del vecino me mordió.
¿Debe el vecino pagar?
"Depende".

Querido Señor Alderman:
Mi vecino tiene un perro grande y malo. El perro siempre está persiguiendo a mis niños y ya anteriormente mordió a uno de ellos. La semana pasada el perro, se salió de la cerca y mordió a mi hijo, causándole daños severos. La cuenta del médico fue muy cara, y nuestro seguro no la cubre. Le he pedido a mi vecino que pague la cuenta y él me ha dicho que no . Le dije que lo demandaría y me dijo que lo hiciera, que un dueño no es legalmente responsable por lo que sus perros hagan. ¿Es eso verdad? ¿Cómo puede una persona dejar que su perro muerda a otras personas, sin tener que pagar las cuentas?

Basado en lo que usted dice en su carta, creo que su vecino está equivocado. En algunos estados el dueño de un animal doméstico "es estrictamente responsable civilmente" por lesiones causadas por el animal. Esto quiere decir que si un perro muerde a alguien, el dueño debe pagar por los daños, sin importar si el dueño ha hecho algo anti-jurídico o no. Desafortunadamente, Texas, no ha adoptado una regla como ésta y en Texas, usted debe mostrar que el dueño fue "negligen-te". Esto es, el dueño tiene razones para saber que el perro pudiera morder a alguien y no toma los pasos razonables para protegerlo a usted. En muchos casos, esto significa, que el perro hubiera mordido anteriormente a alguien, o se supiera que tiene malas tendencias.

En su caso, el perro ha perseguido y mordido a personas antes y el dueño debiera saber que el perro tiene resabios. Si el dueño no toma las medidas razonables para protegerle a usted, por ejemplo, conser-vando al perro bien cercado, creo que el dueño debe ser responsable. Si la cantidad es lo suficientemente pequeña para que usted pueda ir a la corte de reclamaciones menores (lo refiero a las páginas 139 a 146) donde usted puede demandar sin abogado.

Un punto final. En muchos casos la raza del perro tiene importancia, por ejemplo, un "pit bull", se sabe que es resabioso. En mi opinión, a los dueños de este tipo de perros se les obliga a seguir normas más altas de cuidado y pueden ser responsables civilmente cuando el perro muerda a alguien, aunque nunca antes lo haya hecho. Mientras el dueño de un perro de lanas, o "poodle", puede que no tenga que tomar medidas para protegerle a usted contra lesiones, la ley probablemente le imponga un deber mayor al dueño de un perro, cuya raza se conoce como resabiosa.

Mi auto fue dañado por vándalos en un restaurante. ¿Es el restaurante responsable? "Eso depende".

Querido Señor Alderman:
La otra noche, fui a cenar con un amigo. Estacionamos el auto frente a un restaurante, y cuando salimos encontramos que la ventana frontal había sido rota y habían sacado un toca-cintas. Hablamos con el gerente, y él dice que el restaurante no es responsable. ¿Es eso verdad? No parece correcto. Ellos proporcionaron el lugar de estacionamiento. ¿No tienen ellos que proporcionar seguridad o vigilancia?

Hay una simple respuesta para su pregunta. Legalmente, el restaurante es solamente responsable si fue negligente. Esto es, no tomó las medidas razonables para cuidar de su propiedad. Por ejemplo, ordinariamente, un restaurante no tiene que proporcionar seguridad o vigilancia. Esto quiere decir que si hay un incidente de vandalismo, el restaurante probablemente, no sea responsable. Pero una vez que un restaurante, o (cualquier otro establecimiento, respecto a esto), sabe que pudiera haber problemas, o que esté situado en un área de muchos crímenes, sus obligaciones cambian. En este caso, el restaurante debe tomar medidas razonables para proteger a sus clientes. Si no lo hace, será responsable. Por ejemplo, si cada restaurante en la vecindad tiene luces y guardias de seguridad en el estacionamiento y este restaurante no los tiene, probablemente pudiera ser responsable civilmente porque fue negligente. Por otra parte, si hace lo mismo que todos los demás para protegerle a usted del vandalismo y éste todavía ocurre, probablemente no sea responsable.

Simplemente, porque su propiedad resulte dañada mientras estaba en el estacionamiento no es suficiente para hacer al dueño responsable. Para obtener compensación por daños, usted tendrá que mostrar que él no tomó las medidas razonables para protegerle la propiedad.

Lo que es razonable, depende, de lo alto del riesgo de vandalismo que haya, cuanto conocimiento tiene el dueño del riesgo, y lo que hacen los otros bajo circunstancias similares. Si usted cree que el dueño no actuó razonablemente para protegerle, usted debe considerar una reclamación por negligencia en la corte de reclamaciones menores.

La propiedad que me robaron
terminó en una casa de empeños.
¿Puedo obtener que me la devuelvan?
"Sí".

Querido Señor Alderman:
Me robaron. El ladrón tomó todas mis joyas y equipo electrónico. Ahora me enteré que lo capturaron y saben dónde el empeñó mis propiedades. ¿Puedo obtener la devolución de mis propiedades de la casa de empeños? ¿Qué pasa si ha sido vendida? Parece que ésta es mi propiedad y que yo tengo el derecho a ella.

Usted tiene razón. Es su propiedad y de acuerdo con la ley, usted puede obtener su devolución del que la tenga. Si el ladrón le roba artículos de su propiedad, cualquiera que los reciba está sujeto a tener que reconocer el título suyo. Esto quiere decir que el empeñista o cualquier otra persona que lo compra del empeñista, tendrá que devolvérselos a usted. Desde luego, usted tendrá que probar que dichas cosas son de su propiedad. Por eso, es una buena idea, el conservar los números de serie y fotografías de todos sus objetos de valor.

CAPITULO QUINCE

La Corte de Reclamaciones Menores

SABER sus derechos de acuerdo con la ley es sólo el comienzo. Para hacer que este conocimiento funcione a su favor, usted tiene que poder hacerlos valer. La corte de reclamaciones menores llena este cometido. Es barata, sencilla y simple de usar, y puedo resolver las disputas prontamente. En la corte de reclamaciones menores, es donde usted pone su conocimiento a trabajar.

Como dije en la introducción, una vez que usted sabe sus derechos, usted por lo general, no tiene que seguir una reclamación legal. La otra parte tratará de arreglar el problema. Pero, a veces, una disputa no se puede solucionar y usted debe acudir al sistema legal para resolverla.

La decisión de establecer una demanda o no, debe ser hecha por usted, basado en la cantidad de dinero en cuestión, la importancia de los asuntos, y cuánto tiempo y dinero está dispuesto a invertir para perseguir su reclamación. No deje que las emociones primen sobre el sentido común. Siempre es mejor arreglarse con la otra parte antes de ir a la corte. Pero si usted no puede llegar a un arreglo, la corte de reclamaciones menores le da a usted la oportunidad de aparecer frente a un juez o jurado y que un tribunal imparcial decida quién tiene la razón.

Como usted verá de las siguientes cartas, la corte de reclamaciones menores es relativamente fácil de usar y muy barata. También si usted gana se le concederán los costos del juicio, además de los otros daños reclamados.

Muchas personas me preguntan: ¿Es la corte de reclamaciones menores en Texas como "La Corte del Pueblo" de la televisión? La mejor respuesta que puedo dar a esta pregunta es lo que un juez de corte de reclamaciones menores me dijo cuando le pregunte como su corte se comparaba con la de la televisión. Su respuesta: "Somos bastante parecidos a la Corte del pueblo, pero mucho menos formales".

¿Por cuánto dinero puedo demandar en la corte de reclamaciones menores? "Hasta $5,000".

Querido Señor Alderman:
Recientemente oí, que hubo un cambio en la ley y que ahora puedo demandar por más $2,500 en la corte de reclamaciones menores.

Buenas noticias. ¡Sí señor! La Legislatura recientemente enmendó la ley y ahora el límite en la corte de reclamaciones menores es $5,000.

Debo hacerle notar que esto hace a la corte de reclamaciones menores más útil en cuanto a la ley de prácticas comerciales engañosas, como expliqué en las páginas 96 y 97, si usted gana bajo esta ley y los daños suyos son menores a $1,000, usted automáticamente obtiene tres veces dicha cantidad. Debido a esta triplicación automática, algunos creen que las demandas interpuestas bajo la ley de prácticas comerciales engañosas no se pueden llevar a la corte de reclamaciones menores, si la cantidad, cuando se triplique, está sobre el límite de la corte. Ahora con el límite mayor, usted puede demandar hasta por $1,666. y todavía obtener tres veces los daños sufridos por usted. En efecto, los cambios en la ley podrían autorizarle a demandar por hasta $5,000, aunque la corte puede otorgarle tres veces esa cantidad. La corte de reclamaciones de Texas, realmente se está convirtiendo en la "corte del pueblo".

¿Cómo demando en la corte de reclamaciones menores? "Es fácil".

Querido Señor Alderman:
Mi lavandero es incompetente. El otro día le lleve una camisa nueva que solamente había usado una vez y me la arruinó. Tenía grasa por todas partes, y aunque solamente la había usado una vez, el dueño de la lavandería dice que yo debo tener la culpa. Como solamente la usé cuando fui al cine, no hay manera que yo le haya echado grasa por todas partes. Un amigo, que estaba conmigo, vio que la camisa estaba limpia cuando dejé el cine. Ahora estoy enojado. Quiero demandar, pero temo que la tintorería, tenga un

abogado influyente, y que vaya a perder. La camisa sólo me costó
$25. ¿Vale la pena?

La corte de reclamaciones menores es para usted. Su reclamación puede ser decidida rápidamente, basada en la información que se le da al juez. Usted no necesita un abogado. Si usted puede probar que la camisa no tenía manchas de grasa cuando la llevó a la tintorería y que la tintorería la manchó, usted tendrá derecho al valor de la camisa, además de la cantidad del costo para establecer la demanda.

Demandar en la corte de reclamaciones menores es fácil. Sin embargo, para demandar en esta corte usted no puede reclamar más de $5,000. En la corte de reclamaciones menores, usted puede demandar a cualquier persona que esté actualmente en Texas, que tenga un hogar permanente en Texas, o que esté haciendo negocios aquí. Para demandar a un propietario individual, el propietario debe estar en Texas; para demandar a una sociedad, los socios deben estar aquí; y para demandar a una corporación, ésta debe hacer negocios en el estado. Para más información sobre lo que quiere decir hacer negocios en una de esas formas, lea el Capítulo Trece.

Hay muchas cortes de reclamaciones menores, por eso después de decidir que va a ir a la corte de reclamaciones menores, usted debe encontrar cuál es la localidad apropiada para presentar su reclamación. Generalmente, usted debe demandar en la corte que cubre el área donde la persona que usted demanda reside o donde opera su negocio, o donde la negociación tuvo lugar. Las cortes de reclamaciones menores son parte de los juzgados de paz, por eso, busque en la guía de teléfonos, la dirección del juzgado de paz de su área. Si usted tiene preguntas sobre en qué corte debe demandar, o a quién puede demandar, llame y pregúntele al secretario (clerk) de la corte. El podrá responder sus preguntas.

Después que usted sabe a qué corte tiene que ir, vaya a dicha corte y dígale al secretario del tribunal que usted quiere demandar a la tintorería. *Asegúrese de tener el nombre correcto y la dirección de la tintorería, si puede encontrar también el nombre de la persona a quien hay que notificar legalmente de la demanda.* Si la tintorería es de una corporación usted puede llamar al secretario de estado en Austin para saber cuál es el agente encargado de notificaciones. Un agente encargado de notificaciones, es la persona designada por la compañía para aceptar documentos legales por la corporación.

Cuando usted llega a la corte, el secretario o clerk le dará una demanda ("Petition") para que usted la llene. Léala cuidadosamente. Si tiene preguntas hágaselas al secretario del tribunal. Una demanda típica de la corte de reclamaciones menores se muestra en la página que sigue. Usted que es la persona que presenta la demanda es llamado el demandante "(plaintiff"). Usted comienza el juicio presentando una demanda ("petition"). Después que presenta la demanda y paga la cuota (unos $50) la corte hará que un condestable o sheriff, notifique a la persona o negocio demandado de la presentación de la demanda. El demandado o contesta la demanda (en otras palabras, dice por qué cree que no es responsable) o queda en rebeldía (esto es, no contesta la demanda). Si el demandado no contesta la demanda, usted irá al juez, y le dirá cuál es su reclamación. Si su caso es correcto, usted ganará. El juez ordenará que le den a usted la cantidad que vale la camisa, y además lo que le haya costado poner la demanda. *Asegúrese de pedir el pago de todos los costos de presentación del juicio en su demanda.*

Si el demandado contesta la demanda, el estará presente en la corte el día fijado para el juicio. A menos que cualquiera de las partes pida un jurado, el caso será oído y juzgado por el juez solamente. En la mayoría de los casos la audiencia es bien informal. El juez deja que cada parte diga su historia y escucha a los testigos que puedan aparecer. Por ejemplo si su amigo sabe que la camisa no estaba manchada cuando usted la llevó a la tintorería, usted querrá llevarlo con usted para que le diga eso al juez. También, si usted tiene fotos u otras pruebas en apoyo de su caso, usted debe llevarlas. El recibo de venta que muestra que la camisa era nueva pudiera ser importante. Y desde luego, traiga la camisa para mostrarle el daño al juez.

Si la otra parte tiene un abogado, no se preocupe de que lo puedan intimidar. La mayoría de los jueces limitan lo que el abogado puede hacer. La corte de reclamaciones menores es una corte para el pueblo. La mayoría de los jueces asegurarán que a usted se le trate justamente y que tenga la oportunidad de decir su versión de los hechos.

Después de oir toda la evidencia, el juez usualmente, dictará sentencia prontamente, y dirá quién gana. Usualmente este es el final del asunto. Si usted gana, la otra parte, le paga el dinero a usted. Pero, algunas veces, puede ser difícil cobrar lo adjudicado a usted en la sentencia, como muestra la carta de las páginas 144-146.

¿Qué pasa si demando por más de $5,000 en la Corte de reclamaciones menores? "Su caso será sacado de la corte".

Querido Señor Alderman:
Recientemente hice unos trabajos por contrata, para alguien.

En la Corte de reclamaciones menores del condado
    de_____, Texas

Demandante
contra
Demandado
Estado de Texas
Condado de_____

(Demandante) cuya dirección postal es

_____

Calle y número

_____ , _____
            Ciudad   Condado,

Texas, después de prestar juramento debidamente, depo-
ne y dice que (el demandado) cuya dirección postal es ____

_____,_____
Condado, Texas, le debe en derecho, la suma de_____dó-
lares y _____ centavos ($_____) por_____

_____

_____

(Aquí se debe describir la naturaleza de la reclamación, en
forma concisa y sin tecnicismos, incluyendo todos los detalles pertinentes), y que no hay contra reclamaciones a favor
del demandado y contra el demandante excepto:_____

_____

_____
            Demandante
Suscrito y jurado ante mí este _____ día de_____,
de 19_____.

_____
            Juez

Típica demanda en la Corte de reclamaciones menores.

Primero, me pidieron que hiciera un trabajo pequeño, luego otro y otro. Ahora me deben $6,200. He tratado de que me paguen, pero parece que voy a tener que demandar. Recientemente leí que sólo puedo demandar hasta $5,000 en la corte de reclamaciones menores. Yo estaría satisfecho de obtener de ellos esa suma y no quisiera tener que obtener un abogado para demandar una cantidad mayor. ¿Puedo solamente tomar los $5,000. ¿Y darlo por terminado?

No. Si usted presenta un juicio en la corte de reclamaciones menores, pidiendo más de $5,000, la corte no tiene jurisdicción. Esto significa que no tiene autoridad legal para juzgar su caso y tendría que desestimarlo. A usted no se le permite simplemente "tomar o aceptar menos" para poder ir a la corte de reclamaciones menores. Si usted quiere demandar por más de $5,000, tiene que establecer la demanda en la corte del distrito. Y esto probablemente significa que tiene que emplear un abogado. Pero hay otra alternativa para usted.

Aunque usted no puede demandar cuando el total es mayor a $5,000 cuando hay varios contratos, usted puede demandar separadamente por cada uno de ellos. Por ejemplo, usted dice que hizo más de un trabajo. Ante la ley, cada trabajo es un contrato separado y usted puede establecer una demanda separada por cada uno de ellos. Siempre que cada trabajo sea por menos de $5,000, la corte tiene jurisdicción para conocer el juicio. Le costará a usted un poco más, en cuotas de presentación de demandas, pero usted recuperará estas cuotas y gastos si gana.

Un punto final. No trate de ir a la corte rebajando sus daños. Si a usted se le deben $6,800, usted no puede demandar por $5,000 para poder hacerlo en la corte de reclamaciones menores. La cantidad en controversia es mayor a los $5,000 y la corte tendría que desestimar la demanda.

¿Qué hago después que haya ganado? "Ejecutar la sentencia a su favor".

Querido Señor Alderman:
Usted a lo mejor se recuerda de mí. Soy la persona que le escribió sobre un problema con la tintorería. Pues bien, tomé su consejo y fui a la corte de reclamaciones menores y gané. Ahora. ¿Qué debo hacer? El no quiere pagar y yo todavía no he recibido el dinero.

Si usted gana en la Corte de reclamaciones menores, la persona a quien usted demandó, usualmente le paga el dinero que le debe inmediatamente. Sin embargo, si usted tiene dificultades para cobrar lo ordenado en una sentencia a su favor, la ley puede ayudarle.

Lo primero que debe hacer es escribirle al demandado y recordarle que a usted le han otorgado una sentencia a su favor y contra el. Pídale que le pague el dinero que le debe. Si aún rehusa pagar, hay algunas cosas que usted puede hacer con la ayuda de la ley.

Hay dos medios legales que usted puede usar para forzar el pago de la sentencia a su favor. Uno es llamado *sumario de fallo,* (abstract of judgment), el otro es un *mandamiento de ejecución* (writ of execution). Un sumario de fallo (abstract of judgment) es un documento legal que usted puede presentar y le dará a usted un gravamen o embargo de cualquier bien raíz, excepto el patrimonio familiar (homestead) propiedad del demandado. Para hacer esto usted debe regresar a la corte donde presentó la demanda. El secretario del tribunal le ayudará a obtener el sumario del fallo. Luego usted lo debe presentar en cada condado, en el que usted crea, que el demandado tenga bienes raíces. Hay una pequeña cuota para hacerlo pero usted tendrá el derecho de cobrarle esta cantidad al demandado. Una vez que haya presentado el sumario del fallo, usted tendrá un gravamen, contra todas las propiedades raíces del demandado, que no estén exentas. Esto quiere decir, que probablemente el demandado no podrá vender las propiedades, sin primero pagarle a usted. Usted también tendrá el derecho de forzarle a vender para satisfacer el fallo. A la mayoría de las personas no les gusta tener gravámenes sobre sus propiedades, y le pagarán para liberarlas del gravamen.

El otro método para forzar el pago es el llamado *mandamiento de ejecución, (writ of execution),* también expedido por la corte donde usted obtuvo el fallo a su favor. Es una orden al condestable o "sheriff" de que vayan a ver al demandado y cobren lo ordenado en el fallo. Si el demandado, aún, no paga, el sheriff o condestable tienen el derecho de tomar las propiedades, no exentas del demandado y venderlas para pagarle a usted su dinero. Habrá un pequeño costo por el mandamiento y los servicios de los agentes de la ley, pero estos se pueden recuperar del demandado.

Recuerde si tiene problemas para cobrar el fallo a su favor, vaya de nuevo a la corte y pídale ayuda al secretario (clerk) el secretario le dirá cómo ejecutar el fallo.

Hay una última cosa que debe tener en cuenta. La ley de Texas es muy favorable para los deudores. Es muy difícil forzar a la gente que pague sus deudas si ellos no quieren realmente hacerlo. Para que se pueda ejecutar con éxito un *sumario del fallo,* el demandado debe ser propietario de bienes raíces, que no sean su "homestead" o *patrimonio familiar.* Para cobrar el dinero con éxito con un mandamiento de ejecución, el demandado debe ser dueño de propiedades, que no estén exentas en cobros, por la ley de Texas. La ley de exenciones de Texas le permite a las personas conservar la mayor parte de sus propiedades, sin importar lo que él o ella deba. *Lea la carta que comienza en la página 53, para ver qué propiedades están exentas, antes de tratar de cobrar una sentencia a su favor con un mandamiento de ejecución o writ of execution.*

Antes de tratar de cobrar el fallo a su favor, considere si vale la pena el dinero y esfuerzo que tendrá que poner para hacerlo. Mientras, usualmente usted puede forzar a un negocio para que pague, sepa que es mucho más difícil forzar a particulares para que paguen una sentencia a su favor.

¿Tiene una corporación que tener un abogado para ir a la corte de reclamaciones menores? "No".

Querido Señor Alderman:
Soy presidente de una pequeña corporación. Varios de nuestros clientes nos deben dinero y quiero ir a la corte de reclamaciones menores. Un amigo me dijo, que una corporación solamente puede ir a la corte si es representada por un abogado. ¿Es esto verdad? Me costaría más emplear a un abogado que la cantidad de las reclamaciones en cuestión.

Generalmente su amigo tiene razón. Una corporación solamente puede aparecer en corte o presentar papeles legales por medio de un abogado. Esto viene de que la ley trata a la corporación como una entidad legal separada y como entidad separada, debe actuar por medio de un representante. El único tipo de representante que puede ir a la corte es un abogado. Si la otra persona fuera a la corte, sería culpable de practicar el derecho sin tener licencia.

Pero hay una importante excepción. Una corporación, puede ser representada en la *corte de reclamaciones menores,* por cualquier agente autorizado. La legislatura, reconoció que la mayor parte de lo que ocurre en la corte de reclamaciones es muy sencillo para requerir el gasto adicional de un abogado. Por lo tanto, usted como presidente de la corporación, puede establecer las reclamaciones a nombre y a favor de la corporación.

CAPITULO DIECISEIS

Comenzando un Negocio

Cada año, miles de bravos empresarios se aventuran dentro del mundo de los negocios. Algunos logran algo de fama y fortuna, mientras la mayoría descubre la dura realidad de los pequeños negocios: pocos tienen éxito.

Cuando usted comienza un pequeño negocio, de repente se encuentra "al otro lado de la ley". Para protegerse es necesario conocer todas las leyes que gobiernan su negocio, para asegurarse que usted cumpla con ellas. Pero no importa lo diligente y consciente que usted sea, las cosas, pueden todavía ir mal y usted puede verse demandado por alguno de sus clientes.

Por ejemplo, aunque usted no sepa que hay una gotera en su refrigerador, usted puede incurrir en una responsabilidad civil substancial si alguien resbala y se cae en un piso húmedo. Y aunque el producto que usted vendió fue fabricado por otro, usted pudiera ser responsable cuando explote y lesione a alguien.

Hay tres maneras de evitar la responsabilidad civil cuando usted opera un negocio.

Primero:
> Tenga cuidado de asegurarse que usted está cumpliendo con la ley.

Segundo:
> Adquiera suficiente seguro que cubra toda responsabilidad civil inesperada, tal, como la del cliente que resbala con una cáscara de plátano o banano.

Tercero:
> Considere formar una corporación o sociedad anónima. Un negocio se puede llevar como propietario individual, como una sociedad colectiva o como una corporación o sociedad anónima. Como usted verá en las próximas cartas, la forma legal que su negocio tenga, puede determinar la extensión de *su* responsabilidad civil.

147

¿Qué pasa si es un negocio individual?
"Es igual que usted".

Querido Señor Alderman:
Acabo de abrir un pequeño taller de reparación en mi garaje. Puse un cartel que dice "Sam lo arregla". Hasta el momento, no me estoy haciendo rico, pero estoy ganando suficiente dinero extra como para hacer que valga la pena. El otro día, alguien trajo una tostadora que necesitaba reparación. Yo la arreglé y se la devolví. Hoy volvieron otra vez. La tostadora se había quemado. Aparentemente, yo crucé dos cables que no se debían de cruzar. El dueño estuvo bastante amable en el asunto y me dijo que yo tuve suerte que no se le había quemado la casa. Entonces, empecé a pensar: ¿Qué hubiera pasado si la casa se hubiera incendiado debido a mi error? ¿Quién es responsable por las cosas que salgan mal, de mi taller?

La simple respuesta a su pregunta es: usted es responsable. Cuando usted tiene un negocio como único propietario, usted es el negocio. Cualquier deuda u obligación en que incurra el negocio, actualmente son suyas.   El negocio no es una entidad separada. Quizás, la mejor forma de ver esto, es que el negocio, no es más que otro nombre que usted usa.

Muchas personas, comienzan un negocio simplemente, asumiendo un nombre y abriendo el negocio. Mientras esto es legal (por supuesto usted debe inscribir o registrar el nombre del negocio con el secretario o "clerk" del condado) pudiera no ser la mejor forma para usted. Por ejemplo, si usted no repara correctamente la tostadora y ésta hace que la casa se incendie usted pudiera tener una demanda substancial que enfrentar y luchar. Aunque usted estaba actuando como un negocio cuando reparó la tostadora, usted tendría responsabilidad civil personal por los daños que se causaran. Esto quiere decir que usted podría perder bienes personales y del negocio para pagar la deuda.

Como usted verá de las cartas que siguen, usted pudiera considerar el formar una corporación. Una corporación es una entidad separada. Usualmente, usted no es personalmente responsable por las obligaciones de la corporación. *Desde luego, no importa la forma legal que su negocio tome, usted debe asegurarse de tener un adecuado seguro de responsabilidad civil.*

¿Quién es responsable por las deudas de una sociedad colectiva? "Todos los socios".

Querido Señor Alderman:
Tengo dos socios en un pequeño restaurante. Uno de ellos se ha vuelto loco. El piensa que somos el Ritz y ha empezado a comprar caviar y todo tipo de chucherías caras. La mayor parte de los alimentos se echan a perder, porque nadie los pide. El otro día, recibimos las cuentas por toda esta mercancía y nos causó una conmoción. No hay manera de que podamos pagar por todo lo que él compró y seguir haciendo negocios. Estamos hablando sobre separarnos y cerrar el restaurante, pero me preocupa, cual mi parte de las cuentas pueda ser. ¿Tengo yo que pagar una tercera de todo lo que debemos?

Le tengo malas noticias. Usted no es responsable de la tercera parte de las deudas en que han incurrido sus socios. *Usted es responsable de todas las deudas si la sociedad no las paga.* Básicamente, cada socio, tiene una responsabilidad civil completa de todas las deudas de la sociedad. Cada socio, sin embargo, tiene el derecho de recobrar de los otros su justa parte.

He aquí como la ley funciona:

Suponga que A, B y C forman una sociedad ABC. Cada socio contribuye $5,000. El negocio luego incurre en $21,000 en deudas. Los bienes de la sociedad, se usarán primeramente, para pagar las deudas. Los restantes $6,000 se deben ahora por los socios. Cada uno es responsable de $2,000, pero si uno no paga, los otros deben pagar su parte. Por ejemplo si un acreedor demanda a todos los socios, pero sólo A tiene dinero A tendrá que pagar los $6,000 en su totalidad. El será responsable de obtener $2,000, por cabeza, de B y C.

Recuerde, una sociedad, no es una entidad legal separada, en cuanto a la responsabilidad civil. Es simplemente, una manera, para que dos o más personas hagan negocios juntos. En cuanto a la ley, cada socio es usualmente, responsable por lo que haga la sociedad. Esto, puede hasta incluir hechos ilegales o equivocados de otros socios, tales, como unas heridas o lesiones por un auto, que ocurran cuando esté haciendo una entrega.

Si a usted le preocupa su responsabilidad individual, por deudas de negocios, no use la sociedad colectiva o partnership. Lea las siguientes cartas y forme una sociedad de responsabilidad limitada o una corporación. Pero primero considere la responsabilidad de la sociedad por las deudas personales de los socios.

¿Pueden los acreedores de mi socio, tomar y ocupar propiedades de la sociedad, por sus deudas privadas?
"No, la sociedad, generalmente, no es responsable de las deudas personales de los socios".

Querido Señor Alderman:
Recientemente me puse en sociedad con mi amigo Bob. Tenemos un pequeño negocio con cerca de $5,000 en piezas. Recientemente el banco que le prestó dinero a Bob, para que construyera una alberca en su casa, vino y nos dijo que si Bob no pagaba, demandaría y tomarían las propiedades de la sociedad. ¿Puede hacer eso? La sociedad no pidió prestado el dinero. Bob, fue el que lo pidió, por su propia cuenta. Nuestro negocio está yendo bien y no me gustaría tener que terminarlo.

Es tentador aquí analizar mucho las leyes de responsabilidad civil y sociedades. Pero la simple respuesta es que los acreedores de su socio no pueden forzarlo a usted a vender bienes de la sociedad, ni pueden tomar los bienes de la sociedad. La sociedad no es responsable de las deudas personales de sus socios individuales. Desde luego, los acreedores de su socio, pueden tomar la participación de su socio en el negocio, y recibir la parte que le toque a él de las ganancias, para cobrarse la deuda, pero esto no puede afectar la marcha del negocio.

Los socios son responsables de las deudas de la sociedad, y sus bienes personales puede ser tomados, para pagar esas deudas, pero lo opuesto no es cierto. Un acreedor de un socio en particular, no puede apoderarse de las propiedades de la sociedad.

¿Qué es una sociedad de responsabilidad limitada?
"Un cruce entre una sociedad y una corporación".

Querido Señor Alderman:
Estoy al comenzar un negocio con algunos amigos. Hemos considerado una sociedad o una corporación, pero recientemente alguien nos dijo que hay una cosa que se llama sociedad de responsabilidad limitada. Nos han dicho que esto es como una sociedad, pero sin la responsabilidad civil. Como nos preocupa la responsa-

bilidad civil individual si empezamos una sociedad, esto parece ser una buena idea. ¿Cómo funciona? ¿Nos sugeriría usted que empezáramos una?

Usted tiene razón, una sociedad de responsabilidad limitada, es como una sociedad pero con responsabilidad civil limitada. Por ejemplo, si usted empieza una sociedad usted y cada uno de los socios, son responsables de todas las deudas de la sociedad. Como dije en referencia a la carta que comienza en la página 149, usted, como socio, pudiera terminar perdiendo propiedades personales suyas, para pagar las deudas de la sociedad.

En una sociedad de responsabilidad limitada, los socios, son solamente responsables, por la cantidad que inviertan en el negocio. Por ejemplo, si usted fuera un socio limitado con una inversión de $5,000, lo más que usted podría perder son los $5,000 que puso. Pero hay dos desventajas grandes en una sociedad limitada: debe haber por lo menos un socio general, que tiene responsabilidad individual por todas las deudas de la sociedad, y como socio limitado usted no puede estar involucrado en la administración diaria del negocio. Un socio limitado es un socio silencioso, o comanditario. El invierte en el negocio y luego espera que éste tenga éxito para obtener una participación de las ganancias. De lo que dice su carta, no parece que lo que usted busca es una sociedad de responsabilidad limitada. Parece que usted quiere estar activamente metido en el negocio y un socio limitado no puedo estarlo.

Pero para el caso que usted decida empezar una sociedad de responsabilidad limitada, debo decirle que, a diferencia, de una sociedad regular, que se puede empezar con apretón de manos solamente, una sociedad de responsabilidad limitada se crea de acuerdo con la ley y necesita para ser válida un acuerdo formal. Para empezar una sociedad de responsabilidad limitada usted debe consultar a un abogado para que le prepare los documentos.

¿Hay alguna manera de evitar la responsabilidad civil? "Forme una corporación".

Querido Señor Alderman:
Voy a empezar una pequeña tienda de venta de frutas y quesos. Acabo de leer sobre un dueño de restaurante a quien demandaron por más de $100,000, porque alguien resbaló con una cáscara de plátano o banano en su establecimiento. Me preocupa que esto me pase. Sé, que mi seguro cubrirá la mayoría de las reclamaciones

*por daños en mi contra, pero realmente no quiero ser responsable
de todas las obligaciones del negocio. ¿Hay alguna manera que el
negocio sea responsable por sus propias deudas?*

*La única manera para que un individuo evite la responsabilidad
civil por deudas incurridas por su negocio es formar o constituir una
corporación.* De acuerdo con la ley, una corporación, es un ente legal
separado. Demanda y se le demanda bajo su propio nombre. Los
individuos involucrados en una corporación, solamente pueden perder sus inversiones en el negocio.

Por ejemplo, supongamos que usted comienza su negocio como
propietario individual y que una cliente se lesiona al resbalar en el
piso de su negocio. Ella lo demanda por $150,000, que en estos días
no es usualmente una cantidad muy alta. Usted pierde y su seguro
paga $100,000. *Usted es personalmente responsable de los restantes
$50,000.* El mismo resultado habría si su negocio fuera una sociedad
colectiva.

Pero si usted hubiera hecho una corporación para su negocio, el
negocio y no usted debería los restantes $50,000. Si el negocio, no
tiene suficiente dinero para pagar la deuda, el cliente no podría
cobrarle a usted. Si el negocio dejara de existir, o presentara quiebra,
ese sería el final del asunto. *Uno de los beneficios más importante de
una corporación es que protege a los accionistas y funcionarios, de
responsabilidad civil por las deudas del negocio.*

Si le preocupa a usted la responsabilidad derivada del negocio, le
recomiendo fuertemente que forme una corporación, aunque para
hacerlo usted no necesita un abogado, eso probablemente sería más
fácil. *Formar una corporación es un asunto legal sencillo, de rutina,
y la mayoría de los abogados son competentes para hacerlo. Sondee el
mercado y obtenga un precio justo antes de emplear a un abogado.*

**Soy propietario de una estación de gasolina.
Alguien me dijo que tengo que bombearle gasolina
a los conductores incapacitados sin cargos extras.
¿Esa es la ley?
"Sí señor".**

Querido Señor Alderman:
*Soy propietario de una pequeña estación de gasolina. Vendo
gasolina con servicio completo y con autoservicio. Desde luego hay
una substancial diferencia en los precios. El otro día, una
persona, con una placa de persona incapacitada, manejó hasta la*

bomba de autoservicio y me dijo que yo tenía que llenarle el tanque, por el precio del autoservicio. Yo le dije, que si ella quería servicio completo, que se fuera a la bomba de servicio completo. Ella dijo que había una nueva ley, que requiere que yo le llene el tanque al precio del autoservicio. Yo lo hice esta vez, pero ahora quiero saber, si hay realmente esa ley.

Sí señor. La Legislatura de Texas aprobó una ley en 1989, que requiere que una gasolinera que tenga servicio completo y autoservicio, le ponga la gasolina a una persona incapacitada y le cobre el precio del autoservicio. Es importante poner énfasis en que esta ley solamente se aplica cuando hay los dos servicios: el completo y el autoservicio. Una estación que venda solamente el autoservicio, no tiene que bombear la gasolina por la persona incapacitada y una estación de servicio completo solamente, no tiene que cobrar un precio diferente. Como puede ver, usted hizo lo acertado al bombear la gasolina.

CAPITULO DIECISIETE

Garantías

CUANDO usted compra algo, usted espera recibir algo a cambio de lo que usted pagó. De esto trata la ley de garantías. Una garantía es la promesa de un vendedor o fabricante de garantizar su producto.

Para tener una garantía no es necesario usar palabras especiales como "garantía" o "promesa". Cualquier cosa que se diga de un producto en el que usted confía, cuando usted lo compra es usualmente suficiente para ofrecer una garantía de que el producto va a hacer lo que debe hacer. Un anuncio, la promesa del vendedor una muestra o modelo del producto ya es una garantía.

La ley de garantías se rige por dos leyes: una ley del estado llamada, **Código Comercial Universal** y una ley federal llamada, **Ley de Garantías Magnuson-Moss**; (Magnuson-Moss Warranty Act). Estas dos leyes lo protegen a usted, porque hacen que el vendedor o el fabricante sea responsable cuando un producto no cumple los resultados esperados. Como usted verá por las cartas en este capítulo hay algunas formalidades a seguir para establecer una garantía. Generalmente el consumidor tiene más que suficiente garantía y protección, aunque nunca se haya dicho nada sobre garantía.

¿Qué es una garantía?
"Algo más que una simple etiqueta".

Querido Señor Alderman:
Yo he estado buscando una cortadora de césped o zacate. Encontré una que me gustó, pero estaba esperando a que la rebajaran y entonces mi vecina me dijo que no la comprara porque tenía mala garantía. Yo nunca hasta ahora pensé en garantías, siempre han sido como una etiqueta colgando del producto, que yo nunca me preocupe en leer. ¿Qué cosa es una garantía, y cuán importante es?

Su amiga tiene razón. Una de las partes más importantes en cualquier compra es la garantía que usted recibe. En pocas palabras, la garantía es la obligación o promesa, del vendedor sobre el producto y su calidad.

Las garantías pueden surgir de un acuerdo o automáticamente por disponerlo la ley. Por ejemplo, la mayor parte de los productos vienen con una garantía escrita que le da a usted derechos específicos y comprende las garantías que impone la ley en la mayoría de las ventas. *Pero la ley le permite a un comerciante por medio de un contrato cambiar o desconocer la responsabilidad del seguro y la mayoría de las garantías escritas, están actualmente eliminando algunos de los derechos que de otra forma usted podría tener.*

Por ejemplo si usted tiene una cortadora de hierba y no le dicen nada sobre garantías, usted tiene una garantía incluida de que la cortadora, cortara la hierba y si no lo hace el vendedor es responsable (sobre esta garantía se habla en la carta de la página 160). Pero, un vendedor puede vender una cortadora de hierba sin garantías por medio de un contrato desconociéndola, por ejemplo vendiéndola "tal como está" Si esto fue así usted no tendrá derecho de devolverla, si usted se llevó la cortadora para la casa y sólo funcionó por una hora. Es un hecho que el comerciante nunca le prometió a usted que iba a funcionar. Cuando usted compra sin garantías, usted acepta todos los riesgos si el producto resulta defectuoso.

En su caso considere la garantía como parte de lo que usted está comprando. Por ejemplo: vamos a decir que una tienda tiene una cortadora de hierba por $150.00 pero, tiene una garantía limitada, por 30 días, y cubre también el reemplazar piezas, pero no el trabajo. Otra tienda vende una cortadora similar por $175.00, tiene un año de garantía y cubre las piezas y la mano de obra. ¿Cuál es mejor negocio? Bueno, la ultima decisión es suya, pero si la máquina se rompe durante el primer año y las reparaciones son más de $25.00 usted saldrá mejor con la cortadora más cara.

Acuérdese que sus derechos de acuerdo con la ley contra un vendedor están basados en la garantía que usted recibe. Si usted tiene un buen remedio legal, usted estará bien protegido si algo sale mal. Usted debe buscar las garantías, así como busca colores y precios.

¿Qué es una garantía completa o limitada?
"Lea la letra pequeña".

Querido Señor Alderman:
Cuando yo voy buscando una buena garantía, yo noto que la mayoría dicen "garantía limitada". ¿Qué quiere decir esto? ¿Qué es limitada? Si yo no quiero una garantía limitada.   ¿Qué otras

opciones tengo?   ¿Existe algo como: garantía limitada?

Recientemente el Congreso se dio cuenta que había muchos problemas con la ley de garantías y aprobó lo que se llama la *"Ley de garantías Magnuson-Moss"*. Esta ley requiere que las garantías sean escritas en un lenguaje simple y que se entienda. También requiere que todas las garantías digan en la etiqueta garantía *completa* o *limitada*. Por ley esta garantía se le puede llamar *completa* si reúne estos requisitos:

1. La persona que ofrece la garantía debe reparar o sustituir el producto o darle al consumidor su dinero dentro de un período de tiempo razonable y sin cargos, si el producto no está de acuerdo con la garantía.

2. El garante o fiador no puede imponer límites en la duración de la garantía (de esas garantías que surgen por disposición de la ley se trata en las páginas 154 y 157 a 159).

3. El garante o fiador no puede excluir o limitar los daños (los que han sido causados por el producto defectuoso) únicamente que la exclusión esté conspicuamente escrita en el papel de la garantía.

4. Si el producto puede ser arreglado después de intentarlo un número razonable de veces, al consumidor debe permitírsele elegir si quiere el reembolso de su dinero o un reemplazo.

5. La garantía es válida para cualquier persona que posee el artículo durante el tiempo que dure la garantía.

Por la ley toda garantía que no cumpla todos estos requisitos debe ser marcada "limitada". Cuando usted ve la palabra limitada la compañía le está diciendo que no le está dando a usted toda la protección que debía tener. *Una garantía completa es mejor que una limitada.* Por ejemplo: Aquí hay dos ejemplos de garantía completa. Léalos y vea que garantías tiene usted si el producto funciona.

GARANTIA MAXELL, COMPLETA DE POR VIDA

Maxell Garantiza por Vida. Maxell garantiza que este producto está libre de defectos de fábrica, en sus materiales o fabricaciones de por vida a partir del día de su compra. Esta garantía no es aplicable al uso normal o daños como resultado de un accidente, uso anormal, abuso o negligencia. **Cualquier producto defectuoso será reemplazado sin costo alguno si se devuelve a un vendedor autorizado por Maxell o directamente a Maxell.** Sin embargo Maxell no será responsable por cualquier daño comercial ya sea incidental indirecto o de otra forma.

Garantía completa.

Como ustedes pueden ver la compañía le dice a usted en un lenguaje simple que si hay algo malo con el producto, usted o cualquier otro dueño puede obtener reemplazo sin cargo alguno. En letra negrita la segunda garantía le dice a usted cuales son los daños por los que ellos no son responsables; como "daños comerciales". Las compañías son responsables por otros daños, por ejemplo: si el producto le causo daño a otra pieza del equipo, o si el congelador le echó a perder alimentos.

En la página 158 hay una garantía limitada. ¿Puede usted ver lo que la compañía no le da? ¿Si la compañía no puede arreglarle el producto, tiene usted que seguir llevándolo a arreglar? ¿Cuáles son los daños por los que la compañía es responsable, si el producto está defectuoso? ¿Quién paga por el seguro de la mano de obra? ¿Puede otra persona usar la garantía o está limitada al que la compró originalmente?

ESTA GARANTÍA REEMPLAZA A CUALQUIER OTRA GARANTÍA DEL PRODUCTO INCLUYENDO CUALQUIER GARANTÍA QUE SEA MENCIONADA EN EL FOLLETO DEL USO Y CUIDADO DEL PRODUCTO.

GARANTIA COMPLETA POR UN AÑO

Este aparato eléctrico está garantizado por cualquier defecto en materiales o construcción por todo un año a partir de la fecha en que fue comprado.

Durante el período de garantía este producto puede ser reparado o reemplazado por decisión de Hamilton Beach sin costarle nada.

En caso de defectos en un producto garantizado, por favor envíe el artículo a la estación de servicio más cercana que aparece en la parte de atrás de la garantía (o busque en las páginas amarillas del directorio local, la estación de servicio de la Hamilton Beach que le quede a usted más cerca).

Esta garantía no es aplicable en los casos de abuso, maltrato, reparaciones no autorizadas o uso comercial.

Si utiliza este aparato como se indica en el folleto de uso y cuidado, estamos seguros que le servirá perfectamente. Si usted considera que nuestro producto o servicios no cumplen con lo prometido, por favor comunique sus comentarios a:

Hamilton Beach Division

Scovill

IMPRESO EN U.S.A.
3-266-223-00-00

Manager Consumer Relations
P.O. Box 2028

Las garantías completas son las que ofrecen más protección.

TOCADISCOS COMPACTO.
GARANTIA LIMITADA

Toshiba American Inc., (TAI) y Toshiba Hawaii Inc. (THI) ofrecen las siguientes garantías limitadas. Estas garantías originales se extienden al consumidor-comprador original o a cualquier persona que reciba estos artículos como regalo del comprador-consumidor original. No se le ofrece a ningún otro comprador o persona a la que se le haya transferido el artículo.

Garantía limitada de un año
TAI Y THI, garantizan este producto y sus piezas, en cuanto a los materiales y a la mano de obra, por un período de un año, a contar desde el día de la compra original, al detallista. Durante este período TAI y THI repararán el producto o la pieza defectuosa, sin cargo para usted. Usted debe enviar el producto completo al Centro de servicios de TAI/THI. Usted debe pagar los cargos de transporte y seguro a y/de el centro de servicios.

Garantía limitada de un año en piezas
TAH y THI garantizan, además, las piezas o partes en este producto en cuanto a los defectos en los materiales y mano de obra, por un período de un año, a partir de la fecha de la compra original, al detallista. Durante este período TAI y THI, reemplazarán una pieza defectuosa sin cargo para usted, excepto, que si la parte defectuosa es cambiada, después de noventa días (90) de la compra original al detallista, usted pagará los cargos por mano de obra, que se originen por el cambio, de la pieza. Usted debe llevar el producto completo a uno de los centros de servicios, cuya lista se da más abajo. Usted pagará los cargos de transporte y seguro a y/de el centro de servicio.

Manual del dueño y registro de la garantía
Usted debe leer cuidadosamente el manual del dueño antes de operar este producto. También debe asegurarse que su nombre y dirección estén en los archivos de TAI/THI como dueño, llenando y enviando por correo la tarjeta de inscripción que se incluye, dentro de los diez días siguientes al de la compra enviada por usted o por la persona a quien se le dio el producto como regalo. Esta es una manera que le permita a TAI/THI establecer la fecha de compra del producto. Así como proporcionarle a usted mejor servicio como consumidor y un producto mejorado. El no enviar la tarjeta no afectará sus derechos, bajo esta garantía, siempre que usted retenga otra prueba de compra, tal como la cuenta de la compra.

Su responsabilidad
Las garantías ofrecidas más arriba están sujetas a las condiciones siguientes:
(1) Usted debe retener la cuenta de la compra o proporcionar otra prueba de compra. Llenar y mandar por correo la tarjeta de inscripción que se incluye dentro de los diez días siguientes al de la compra, es otra prueba de proveer prueba de compra.
(2) Usted debe notificar a uno de los centros de servicios TAI/THI, cuya lista se da más abajo, dentro de los treinta días siguientes al del que usted descubre el producto o parte o pieza defectuosos.
(3) Todo el servicio (de garantía) de este producto debe hacerse por los centros de servicios TAI/THI.
(4) Estas garantías son efectivas solamente si el producto se compra y usa dentro de los Estados Unidos de América.
(5) Las garantías se extienden solamente a defectos en materiales o mano de obra, como se ha limitado más arriba y no se extiende a ningún producto o pieza o parte que se haya perdido o se haya desechado o se haya dañado, o por daños o piezas causados por mal uso, accidente, instalación impropia, mantenimiento impropio o reparación o usos en violación de las instrucciones proporcionadas por nosotros; o a unidades que hayan sido alteradas o modificadas sin autorización de TAI/THI, o por daños a productos o piezas o partes de estos a los que se les haya quitado el número de serie, o que este haya sido alterado, borrado o que no se pueda leer.

Procedimientos paso a paso. Cómo obtener servicio de la garantía.
Para obtener servicios bajo esta garantía, usted debe:
(1) Ponerse en contacto con uno de los Centros de Servicios TAI/THI cuya lista se da más abajo para obtener servicio bajo la garantía o llame a TAI/THI al número gratis 800-631-3811, dentro de los treinta días (30) después de encontrar el producto o la pieza defectuosos.
(2) Hacer arreglos para el envío del producto al Centro de Servicios TAI/THI. Los productos que se envíen al Centro de Servicios deben estar asegurados y empaquetados en forma segura preferiblemente en el paquete original de envío con una carta explicando los defectos, junto con una copia de la factura de compra o cualquier otra prueba de compra, que se debe incluir. Los cargos por transporte y seguro serán pagados por usted. (VEA EL PROCEDIMIENTO DE SERVICIO DE TOSHIBA PARA SUGERENCIAS DE EMPAQUETADO).
(3) Si tiene alguna pregunta sobre el servicio, por favor póngase en contacto con uno de los centros de servicios TAI/THI siguientes:

Toshiba America Inc.	Toshiba America Inc.	Toshiba America Inc.	Toshiba Hawaii Inc.
Service Center	Service Center	Service Center	327 Kamakee Street
82 Totowa Road	19500 S. Vermont Ave.	2900 McArthur Blvd.	Honolulu, Hawaii 96814
Wayne, New Jersey 07470	Torrance, CA 90502	Northbrook, Ill 60062	Phone Number:
Phone Number:	Phone Number	Phone Number:	(808) 521-5377
(201) 628-8000	(213) 538-9960	(312) 564-1200	
	(213) 770-3300		

TODAS LAS GARANTIAS, IMPLICITAS EN LEYES ESTATALES, INCLUYENDO LAS GARANTIAS IMPLICITAS DE MERCANTIBILIDAD Y SERVIR PARA UN PROPOSITO PARTICULAR, ESTAN LIMITADAS EXPRESAMENTE A LA DURACION DE LAS GARANTIAS LIMITADAS, ESTABLECIDAS ANTERIORMENTE, EN ESTE DOCUMENTO.
Algunos estados no permiten limitaciones a la duración de garantías implícitas, por lo que la anterior limitación pudiera no comprenderlo a usted. CON LA EXCEPCION DE CUALQUIER GARANTIA IMPLICITA ESTABLECIDA POR LEY ESTATAL COMO QUEDA LIMITADA AQUI, LA ANTERIORMENTE MENCIONADA GARANTIA EXPRESA ES EXCLUSIVA Y EN LUGAR DE TODAS LAS GARANTIAS, ACUERDOS U OBLIGACIONES SIMILARES DE FABRICANTES O VENDE-DORES, CON RESPECTO A LA REPARACION O REEMPLAZO DE CUALQUIER PRODUCTO O PIEZAS O PARTES. EN NINGUN CASO, TAI O THI SERAN RESPONSABLES CIVILMENTE POR DAÑOS INCIDENTALES O INDIRECTOS.
Algunos estados no permiten la exclusión o limitación de daños incidentales o indirectos, por lo que la limitación fijada anteriormente pudiera no aplicarse a usted.
Ninguna persona, agente, distribuidor, estación de servicio o compañía está autorizada para cambiar, modificar, o extender los términos de estas garantías, de ninguna manera. El tiempo dentro del cual se debe comenzar una acción para hacer valer cualquier obligación de TAI/THI que surgan o provengan de esta garantía, o bajo lo dispuesto en cualquier ley de los Estados Unidos o de cualquier estado del mismo, se limita aquí a un año desde la fecha en que usted haya descubierto o descubriera el defecto. Esta limitación no se aplica a garantías implícitas que surgen de leyes estatales. Algunos estados no permiten limitaciones del tiempo dentro del cual se puede establecer una acción más allá de los límites previstos por ley estatal, por lo que la regla mencionada anteriormente pudiera no aplicarse a usted. Esta garantía, le da a usted derechos legales específicos, y usted también pudiera tener otros derechos, que varían de un estado al otro.

TOSHIBA AMERICA INC.   TOSHIBA HAWAII INC.
Guarde esta tarjeta para su expediente. Impreso en Japón 22957651

BTV/MHF/RD/RC-80A

TOSHIBA

Una garantía limitada deja fuera algunas protecciones. Léala con cuidado.

La Ley de garantías Magnusom-Moss se aplica a cualquier artículo de consumo que cueste más de $10.00. Por la ley las garantías deben de estar disponibles antes de la venta. Aproveche esta ley y lea la garantía antes de comprar. Usted debe buscar la mejor garantía en la misma forma en que usted busca precio y calidad.

¿Qué pasa si él no dice nada sobre garantías?
¿Tengo mala suerte?
"No, todo lo opuesto".

Querido Señor Alderman:
El otro día fui a una ferretería a comprar una pala para plantar algunas plantas. La tienda tenía seis o siete modelos diferentes de palas de punta, así que escogí la que parecía mejor. Cuando llegué a la casa, fui atrás a hacer un hoyo para plantar un arbusto pequeño y después de la primera paletada la pala se dobló. Yo no lo podía creer, la parte de metal se dobló por la mitad. Yo fui directamente a la tienda y les dije que quería que me devolvieran mi dinero. Ellos me dijeron que seguro que yo había hecho algo malo con la pala. También dijeron: "Mala suerte, usted la compró, ese es su problema". Mi esposa me dijo que debía llevarlo a la corte de pequeñas reclamaciones", pero yo quería saber primero lo que dice la ley. ¿Qué cree usted? Estoy preocupado pues no tengo ninguna garantía, y siempre pensé que cuando esto pasa es simplemente "mala suerte para el comprador".

Si la tienda todavía se niega a devolverle su dinero, llévelos a la corte de reclamaciones pequeñas. La ley esta de su parte. Por ley cuando alguien le venda algo, usted automáticamente adquiere lo que se llama "garantía de mercantibilidad". Esta garantía es automática, no hay que decir o hacer nada. Esta garantía se añade a las otras garantías que le pueden haber dado.

Bajo la "garantía de mercantibilidad" el vendedor garantiza que cualquier producto que él vende sirve para los usos ordinarios del mismo y puede hacer sin objeciones, su función.

Lo que esto quiere decir es que cuando usted compra algo el comerciante promete que va a hacer lo que usted espera que haga. En su caso el comerciante automáticamente hace una garantía que esta pala está preparada para este propósito, esto: cavar hoyos. Cuando la pala se dobló, la garantía fue violada y usted tiene derechos a que le paguen los daños.

En otras palabras *cuando no se ha dicho nada sobre garantías, la ley le concede a usted una substancial. La ley le da a usted la garantía de que lo que usted compró va a hacer lo que se supone que haga, y en la forma en que se supone que lo haga y por el tiempo que una persona razonable piense que lo debe hacer.*

Yo le sugiero que regrese a la tienda y trate otra vez de solucionar el problema. Déjele saber a la tienda que usted sabe sobre la ley de garantías. *También recuerde que cualquier violación de la garantía automáticamente viola la Ley de prácticas comerciales engañosas como se muestra en la siguiente carta, esto le da a usted más poder cuando trate con un comerciante.*

La tintorería me arruinó una camisa.
¿Qué puedo hacer?
"Hay una garantía".

Querido Señor Alderman:
Recientemente llevé una camisa a la tintorería para que me la limpiaran. Cuando fui a buscarla noté que había unos cuantos agujeros en ella. Yo sé que no estaban cuando la llevé pues es la primera vez que la usaba. La tintorería dijo: "Mala suerte, algunas veces las máquinas hacen eso. No es culpa nuestra". El estuvo de acuerdo en darme unos dólares pero la camisa costo $25.00
Yo quiero llevarlo a la Corte de reclamaciones pequeñas. ¿Ud. cree que tengo posibilidad de plantear un caso?

Cada vez que alguien le hace un servicio, hay una garantía implícita que se hará bien, de una manera concienzuda. Esto quiere decir que ellos mantendrán las mismas reglas que los otros en el negocio y actuarán como lo haría una persona razonable. En mi opinión el hacerle hoyos a la camisa, viola la garantía. No es bueno ni de profesionales arruinar la ropa.

Usted también debe saber que en cualquier momento que se viola una garantía esto constituye una violación de la Ley de prácticas comerciales engañosas. En otras palabras los dueños de la tintorería pueden ser responsables hasta $75.00, si usted lo lleva a la corte de pequeñas reclamaciones.

Vuelva a leer el material en las páginas 96 y 98 para que sepa cómo se usa esta ley.

¿Vale la pena presentar un pleito por violación de una garantía?
"En Texas usted obtiene tres veces el costo de sus daños".

Querido Señor Alderman:
Mi esposo y yo compramos recientemente una lámpara para plantas. Venía con una garantía que decía que servía para unas bombillas de planta especiales. Cuando llegamos a la casa la pusimos frente a las plantas, y le pusimos el bombillo nuevo.

Después de unas horas sentimos el olor de algo que se estaba quemando, nos dimos cuenta que la cubierta se estaba derritiendo por el calor del bombillo. Por suerte no hubo fuego, pero sí se quemó nuestra planta favorita.

Cuando fuimos a la tienda nos dijeron que la culpa era del fabricante y que la tienda no podía responsabilizarse por la garantía. El fabricante está en El Paso y nosotros estamos en Dallas. Les escribimos pero no han contestado. La lámpara costo $69.00 y nuestra planta costaba por lo menos $20.00.

Mi esposo dice que por $89.00, mejor nos olvidemos de eso, ningún abogado va a tomar ese caso, y la corte de reclamaciones menores, toma mucho tiempo. Parece que la persona que tiene una reclamación pequeña, lleva la de perder. ¿Se puede hacer algo?

Pregúntele a su esposo si iría a la corte de pequeñas reclamaciones si le dan $267 más los costos de corte pues por ley eso es lo que tocaría si usted gana. De acuerdo con la ley de Texas cualquier violación de garantía, automáticamente viola la Ley de prácticas comerciales engañosas y esa ley le da a usted derecho a tres veces el costo de los daños más el costo de la corte y los honorarios del abogado. Basado en lo que usted dice en su carta, está muy claro que usted tiene una reclamación contra el fabricante por violar una garantía y probablemente también una reclamación contra el comerciante por la garantía de mercantibilidad (lea otra vez las cartas en las página 160). Le aconsejo que lea el capítulo 8 y vea como se usa la Ley de prácticas comerciales engañosas. Yo pienso que cuando usted se ponga en contacto con la tienda y el fabricante y les diga que pueden perder mucho dinero, en seguida van a solucionar el asunto.

La ley de garantías de Texas es muy favorable para el consumidor. Por ley usted tiene derecho a los honorarios del abogado, el costo de la corte y tres veces el importe si usted tiene que entablar un pleito. Los comerciantes conocen la ley. Déjeles saber que usted también la conoce y verá que pronto se resuelven los problemas.

Acabo de comprar un "limón" o "cacharro". ¿Puede usted ayudarme? "Ayuda de Texas en cuanto a "limones".

Querido Señor Alderman:
Acabo de comprar un auto nuevo que es un desastre. Desde el día
que lo compré, no he tenido más que problemas; primero los frenos,
después la trasmisión, ahora el aire acondicionado. El auto ha
estado en el taller por casi dos meses, y hace tres que es mío.
Necesito ayuda. ¿Hay algo que yo pueda hacer?

Afortunadamente para usted la ley cambió. Hasta hace poco cuando usted compraba un auto regía la vieja máxima "caveat emptor" (que el comprador esté alerta). Una vez que usted sacaba el auto del lugar, ya era suyo y si resultaba un "limón", usted tenía mala suerte. Hoy no es así. Ahora cuando usted compra un auto es "caveat vendor" (que esté alerta el vendedor). Si usted compra un "limón" la ley pone la carga en el vendedor y tiene que en seguida hacerse cargo del problema y si no lo hace usted tiene fuertes remedios legales.

Hay tres leyes en las que puede confiar un consumidor, si lo que compró resultó un "limón" o auto malo.

1. La Ley de prácticas comerciales engañosas de Texas
2. El Código uniforme de comercio.
3. La Ley de autos defectuosos o "limones" de Texas.

En el capítulo seis se habla sobre la Ley de prácticas comerciales engañosas la que establece simplemente que si el vendedor lo engaña acerca del auto o si hay una violación de garantía usted puede obtener tres veces el importe de los daños, más los honorarios del abogado. Usted debe leer el capítulo seis, pero quiero enfatizar algo: *Si usted tiene problemas para que le arreglen propiamente el auto, déjele saber al vendedor que usted sabe de la Ley de prácticas comerciales engañosas de Texas. Usted se va a asombrar de lo rápido que se va a mejorar la mecánica.*

Otra ley que puede ayudarlo con un "limón" es el *Código uniforme de comercio.* Esta ley puede ser un poco complicada, así que le voy a dar un breve sumario sobre lo que hace esta ley. Si usted cree que se aplica a su problema, usted probablemente tiene que buscar un abogado que la ayude.

El Código uniforme de comercio permite que una persona pueda revocar su aceptación. En términos simples no legales, esto quiere decir que usted puede cambiar de idea y no quedarse con el auto después de que lo compró. Usted puede revocar su decisión cuando hay un defecto en el auto que le hace perder valor para usted y usted se llevó el auto sin saber de este defecto y sin tener una oportunidad razonable para descubrirlo. Después que usted revoca su decisión usted puede devolverle el auto al vendedor y este debe devolverle el dinero. Es como si nunca usted hubiera tenido el auto.

Por ejemplo, si usted compra un auto nuevo y tan pronto como usted llega a la casa usted descubre que el retroceso no funciona, usted puede devolver el auto y revocar su decisión. En otras palabras la ley le da a usted la oportunidad de que usted esté seguro que lo que compró es lo que se supone que sea. Si no lo es, usted no tiene obligación de quedarse con él.

Si usted compra un auto que resulta ser un "limón", usted tiene el derecho de revocar su decisión y recobrar su dinero. Pero, usted debe demostrar que el defecto en el carro puede bajar substancialmente su uso o valor y que usted no sabía de esos defectos cuando compró el auto. *La aplicación de esta ley puede ser afectada por su contrato con el vendedor. ¡Antes de pensar que usted puede revocar su decisión y devolver el "limón", lea el contrato y vea un abogado!*.

La última ley que puede ayudarlo con el "limón" es la *Ley de "limones"* de Texas. Básicamente esta ley se aplica solamente a los vehículos nuevos y dispone que si usted compra un "limón", el *fabricante* debe devolverle su dinero o darle un auto nuevo.

Antes de que usted obtenga un auto nuevo deben de pasar dos cosas:

Primero:
    El auto debe reunir todas las definiciones referidas en la ley para ser "un limón".
Segundo:
    Usted debe arbitrar su disputa en la Comisión de vehículos motorizados de Texas y darle una oportunidad al fabricante de arreglar las cosas.

La ley define como "limón" un auto que ha estado en el taller de mecánica dos veces por el mismo defecto o un auto que ha estado fuera de servicio por 30 días. El defecto debe ser uno que disminuya substancialmente el uso o valor del auto. En otras palabras, no es un "limón" si el cenicero no funciona, no importa cuantas veces usted tenga que traerlo (pero usted todavía puede poner una reclamación bajo lo dispuesto en la Ley de prácticas comerciales engañosas.

Para estar seguro que usted va a estar protegido por la ley del limón o en cualquier momento en que usted tenga un "limón", asegúrese que el vendedor anota su problema cada vez que usted trae su carro. También dígale su problema en términos generales. Como señala la ley usted debe haber llevado el carro a arreglar cuatro veces por él mismo defecto. Si el motor se le ahoga, dígaselo y esté seguro que eso sea escrito en la hoja de servicios. Si usted se queja del carburador y lo trae otra vez diciendo que es la bomba y después la línea de gasolina, usted tiene tres problemas diferentes, no un problema reparado tres veces. *Es el trabajo del concesionario señalar exactamente la naturaleza del problema. Describa el problema en general sin usar términos mecánicos y deje que el vendedor se preocupe de la naturaleza del defecto.*

Cuando usted crea que lo que tiene es un *limón,* póngase en contacto con la Comisión de vehículos motorizados y pida arbitrar el pleito con el fabricante. La comisión escuchará su queja y tiene el poder de ordenarle al fabricante que le devuelva su dinero, o que le dé un nuevo auto.

Usted puede escribir a la Comisión de vehículos motorizados a: Texas Motor Vehicle Commission, P.O. Box 2293, Austin, Texas 78768 o llamarlos al (512) 476-3618 ó 1-800-622-8682. Recuerde, usted debe de registrar su reclamo entre los seis meses después que la garantía expira, o seis meses después que el carro excede las 24,000 millas, cualquiera se venza primero. ¡No se demore en hacerlo!

CAPITULO DIECIOCHO

Testamentos y Testamentarias

UNA de las preguntas más comunes que se hace es: ¿Necesito yo un testamento? Bien, francamente no, usted no necesita un testamento. Eso a usted no le va a importar. Pero, por otra parte, puede ser extremadamente importante para su familia, porque la única manera en que usted puede asegurar que su familia reciba sus propiedades, con un mínimo de gastos y de tiempo, es hacer un testamento.

Cuando usted muere sin testamento, se dice que usted ha muerto "intestado". Si muere intestado, el estado, decide quien recibe sus propiedades. El proceso de distribuir sus propiedades y ver que se paguen sus cuentas, es usualmente supervisado de cerca por la corte.

Pero, si usted muere, teniendo un testamento, usted le puede dejar sus propiedades a quien usted quiera, y usted puede también nombrar un albacea que maneje la distribución de sus propiedades. Usualmente, el albacea, puede actuar sin la supervisión de la corte. En otras palabras, *tener un testamento, es la manera más efectiva de asegurarse que sus propiedades vayan donde usted quiere, y que lo que deje en herencia no esté atado a la supervisión de la corte, con gastos y tiempo adicionales.*

¿Qué es un "living will" o "disposición de vida"? "Muerte con dignidad".

Querido Señor Alderman:
Un amigo me dijo que existe una ley en Texas, que le permite a las personas rehusar que lo mantengan vivo con el uso de máquinas, cuando se va a morir de todas maneras. Si me diagnostican como un caso final, no quisiera que mi familia pagara un tratamiento caro, simplemente para permitirme vivir algún tiempo más. ¿Qué

165

puedo hacer para asegurarme que puedo rehusar ese tipo de
tratamiento? ¿Qué pasa si quedo en estado de coma?   ¿Cómo,
entonces, puedo proteger a mi familia?

Hay un instrumento legal diseñado para permitirle a usted hacer
la elección sobre si se le debe dejar en una máquina prolongadora de
la vida, después que se haya encontrado que usted está enfermo de
muerte. El documento es llamado *Instrucciones a los médicos.* El
nombre común que se le da a este documento es "Living will", o
"Testamento sobre la vida".

Generalmente si a usted se le conserva con vida por medio de una
máquina, un médico no desconectará la máquina sin su consentimiento, aunque su familia lo pida. Esto, se debe a que hay una posible
responsabilidad civil para el doctor. Recientemente, sin embargo, la
Legislatura de Texas aprobó una ley, que le permite a usted decidir
por adelantado si usted quiere que lo mantengan vivo por una
máquina. Si usted firma órdenes, bajo la ley, el médico puede seguir
sus deseos, sin preocuparse por la responsabilidad civil que pueda
tener hacia su herencia, o sus herederos. Aunque un médico no está
obligado a cumplir con el testamento sobre la vida (*living will*), la
mayoría lo hace.

Bajo lo dispuesto por la ley sobre muerte natural de Texas, usted
puede llenar una orden escrita en cualquier momento, o usted puede
hacerlo oralmente, dando la orden en frente del médico y dos testigos.
Como es posible que usted no sea competente para tomar esa decisión,
cuando necesite hacerla, es una buena idea hacer la orden y conservarla en un lugar seguro.

Una orden de muerte natural, o "living will", no tiene que estar en
ninguna forma especial, pero la legislatura ha sugerido el formulario
de las páginas 199-200. Aunque no es necesario en Texas, que la
orden, esté notarizada, usted querrá hacerlo, para el caso en que esté
en un estado que así lo requiera.

La orden a los médicos, le da a usted la opción de morir con
dignidad, y evitar costosas cuentas médicas a su familia. La opción
depende de usted. Si usted quiere hacer esa selección, simplemente
llene el formulario, hágalo notarizar, y consérvelo en un lugar seguro,
donde su familia pueda encontrarlo.

Para más información gratuita sobre su derecho a morir en forma
natural, o sea de muerte natural, escriba a: The Society for the Right
to Die (Sociedad para el derecho de morir) 250 W. 57th Street, New
York, NY 10107.

**Voy a ir al hospital para una cirugía muy complicada.
¿Hay alguna manera en que mi hijo pueda
hacer las decisiones médicas por mí,
si no estoy competente para hacerlas?
"Si señor. Por medio de un Poder duradero
para el cuidado de la salud
(Durable Power of Attorney for Health Care)".**

Querido Señor Alderman:
*Tengo 72 años de edad y me acabo de enterar que me tienen que
operar de un tumor. El médico dice que es una operación muy seria
y que a lo mejor no me recupero. Yo puedo enfrentar la posibilidad
de la muerte, pero me preocupa que me sometan a un tratamiento
médico no deseado. Por ejemplo, no quiero que me mantengan vivo
por medio de un tubo de alimentación, cuando no haya esperanza
de recuperación. Sé que un testamento sobre la vida o living will,
me daría el derecho de hacer que desconecten los sistemas que
mantienen la vida si tuviera una condición mortal, pero me
gustaría tener algún control sobre el tipo y la extensión del
tratamiento a recibir. Yo confío en el buen juicio de mi hijo, y
quiero saber si hay alguna manera para hacer que él pueda tomar
decisiones médicas por mí, en el evento en que yo no pueda.*

Texas acaba de aprobar una nueva ley que le permite a usted hacer
lo que quiere. La Ley de poder duradero para cuidado de la salud, le
permite a una persona, nombrar a otra para que tome las decisiones
de cuidado de la salud por ella. A usted se le debe dar primero una
copia del formulario de información sobre el Poder duradero mencionado. Luego, si usted llena el formulario apropiado, usted puede
nombrar a su hijo para que tome las decisiones sobre el cuidado de la
salud para el caso en que usted no sea competente para tomarlas.
Esto le daría a él el derecho de rehusar tratamiento para usted.
Siempre que usted confíe, en que su hijo va a llevar a cabo la decisión
o juicio que usted quiere, este formulario, es la manera de asegurar
que usted tenga ese derecho. Debo apuntar también, que usted puede
revocar este poder, simplemente diciéndoselo al médico.

A continuación hay una copia de un Poder duradero sobre cuidado
de la salud. La declaración sobre revelación de decisiones o hechos
(Disclosure Statement) aparece en las páginas 1170-171.

PODER (DURADERO) SOBRE CUIDADO DE LA SALUD
DESIGNACION DE AGENTE
PARA EL CUIDADO DE LA SALUD.

Yo _____(ponga aquí su nombre), nombro a:
Nombre: _____
Dirección_____Teléfono _____
Mi agente para hacer cualquiera y todas las decisiones sobre el cuidado de la salud por mí, excepto en lo que yo afirme lo contrario en este documento. Este poder (duradero) para cuidado de la salud, surtirá efecto si yo no puedo tomar mis propias decisiones sobre el cuidado de la salud, y este hecho es certificado, por escrito, por mi médico.

LAS LIMITACIONES A LA AUTORIDAD DE MI AGENTE, PARA TOMAR DECISIONES SON LAS SIGUIENTES:

_____

DESIGNACION DE UN AGENTE ALTERNO

(A usted no se le requiere que designe a un agente alterno, pero usted puede hacerlo). Un agente alterno puede tomar las mismas decisiones sobre el cuidado de la salud, si el agente designado no puede o no quiere actuar como su agente. Si el agente designado es su cónyuge, la designación, es automáticamente revocada por la ley, si el matrimonio se disuelve.)

Si la persona designada como su agente no puede o no quiere tomar las decisiones sobre el cuidado de la salud por mí. Yo designo a la siguiente persona para servir como mi agente para tomar las decisiones de cuidado de la salud por mí, como se autoriza en este documento, que sirve en el orden siguiente:

A) Primer agente alterno
    Nombre: _____
    Dirección: _____Teléfono _____
B) Segundo agente alterno
    Nombre: _____
    Dirección: _____Teléfono _____
El original de este documento se conserva en_____

(El poder continúa en la página siguiente)

Las siguientes instituciones o individuos tienen copias firmadas:

Nombre _____ Dirección _____

Nombre _____ Dirección _____

DURACION

Entiendo que este poder, tendrá valor indefinidamente desde la fecha en que firmo este documento, a menos que establezca un tiempo más corto o lo revoque. Si no puedo tomar decisiones sobre el cuidado de la salud, por mi cuenta, cuando este poder expire la autoridad que he concedido a mi agente continuará existiendo hasta el momento en que yo pueda tomar las decisiones sobre el cuidado de la salud por mí mismo.

(SI FUERA APLICABLE) Este poder terminará el _____

REVOCACION DE NOMBRAMIENTOS PREVIOS.

Revoco cualquier poder (duradero) sobre el cuidado de la salud expedido anteriormente. RECONOCIMIENTO DE LA DECLARACION DE INFORMACION RECIBIDA (DISCLOSURE STATEMENT)

Se me ha dado, una declaración con información explicando los efectos que tiene este documento. He leído y entendido la información que contiene esta declaración de información (Disclosure Statement).

USTED DEBE PONER LA FECHA Y FIRMAR ESTE PODER

Yo firmo mi nombre en este poder (duradero) sobre cuidado de la salud el _____ de _____ de 19_____ en

_____
Ciudad y Estado

_____   _____
Firma   (Ponga su nombre en letra de imprenta)

DECLARACION DE TESTIGOS.

Yo declaro, bajo pena de perjurio, que el poderdante, se ha identificado conmigo, y que el poderdante firmó y reconoció este poder (duradero) en mi presencia, que yo creo que el poderdante está en sano uso de sus facultades mentales, que el poderdante ha afirmado que está consciente de la naturaleza del documento y lo está firmando voluntariamente y libre de coacción, que el

(El poder continúa en la página siguiente)

poderdante me pidió que le sirviera de testigo en la ejecución y firma de este documento, que yo no soy la persona nombrada como agente en este documento; y que yo no doy cuidado de salud o residencial, ni opero instalaciones de cuidado en la comunidad, ni soy empleado de un operador de una instalación de cuidado de la salud.

Declaro que no tengo parentesco con el poderdante de sangre, por matrimonio o adopción y que de acuerdo con mi leal saber y entender, no tengo derecho a ninguna parte de la herencia que dejaré el poderdante, a su muerte, por medio de un testamento o de acuerdo con la ley.

Firma del testigo_____ Poner el nombre en letra de imprenta_____
Dirección_____Fecha_____
Firma del testigo_____Poner el nombre en letra de imprenta_____
Dirección_____ Fecha_____

He aquí una copia del formulario sobre revelación de decisiones o hechos ("Disclosure Statement"):

INFORMACION CONCERNIENTE AL
PODER (DURADERO) PARA CUIDADO DE LA SALUD.

ESTE ES UN DOCUMENTO LEGAL IMPORTANTE. ANTES DE FIRMAR USTED DEBE SABER ESTOS IMPORTANTES HECHOS:

Excepto, en cuanto usted manifieste en contrario, este documento le da a la persona que usted nombre su agente, la autoridad de tomar cualquiera y todas las decisiones sobre el cuidado de la salud por usted de acuerdo con los deseos de usted, incluyendo sus creencias morales y religiosas, cuando usted ya no pueda ser capaz de tomarlas por usted mismo. Como "cuidado de la salud" significa cualquier tratamiento, servicio o procedimiento para mantener, diagnosticar, o tratar sus problemas físicos o mentales, su agente tiene el poder de hacer una ancha gama de decisiones sobre el cuidado de la salud por usted. Su

(Información concerniente al Poder continúa en la siguiente página)

agente puede consentir, rehusar su consentimiento, o quitar el consentimiento dado a tratamiento médico y puede tomar decisiones sobre retirar o retener tratamiento de sostener la vida.

Su agente no puede consentir a servicios de salud mental como interno en un hospital, tratamiento convulsivo, sicocirugía, o aborto. Un médico debe cumplir con las instrucciones de su agente o permitir que a usted lo transfieran a otro médico.

La autoridad de su agente comienza cuando su médico certifique que usted no tiene la capacidad para tomar decisiones sobre el cuidado de la salud.

Su agente está obligado a seguir sus instrucciones cuando tome decisiones a su nombre. A menos que usted afirme lo contrario, su agente tiene la misma autoridad para tomar decisiones sobre el cuidado de su salud, como usted mismo.

Es importante que usted discuta este documento con su médico, o con otra persona que proporcione cuidado de la salud, antes de firmarlo, para asegurar que usted entiende la naturaleza y alcance de las decisiones que se pueden hacer a su nombre. Si usted no tiene un médico, usted debiera de hablar con otra persona que conozca estos asuntos y pueda contestar sus preguntas. Usted no necesita la ayuda de una abogado para llenar este documento, pero si hay algo en este documento, que usted no entiende, usted debe pedirle a un abogado que se lo explique.

La persona que usted nombre como agente debe ser alguien a quien usted conoce y en quien confía. La persona debe tener 18 años de edad o más, o si es una persona de menos de 18 años, que le hayan revocado la incapacidad de la menor edad. Si usted nombra a la persona que le da cuidado de salud o cuidado residencial (por ejemplo su médico o un empleado de una agencia de cuidado de personas, una casa de cuidados o clínica (nursing home), o una casa de cuidado residencial, que no sean sus parientes) esa persona tiene que optar entre actuar como su agente o como su proveedor de cuidado de salud o residencial, la ley no le permite a una persona hacer las dos cosas al mismo tiempo.

Usted debe informarle a la persona nombrada que usted quiere que sea su agente para el cuidado de la salud. Usted debe hablar en detalle sobre este documento con su agente y su médico y darle a cada uno de ellos una copia firmada. Su agente no es

(Información concerniente al Poder continúa en la siguiente página)

responsable civilmente, por las decisiones para el cuidado de la salud hechas a su nombre, de buena fe.

Aún después que usted haya firmado este documento, usted tiene el derecho de tomar decisiones sobre el cuidado de la salud por su cuenta, siempre y por el período de tiempo en que usted pueda tomarlas, el tratamiento no se le puede dar a usted o pararse si usted objeta. Usted tiene el derecho de revocar la autoridad concedida a su agente informándole a su agente o al proveedor de cuidado de la salud o residencial oralmente o por escrito, o por la firma y expedición de un poder (duradero) para el cuidado de la salud posterior. A menos que usted declare lo contrario, el nombramiento de su cónyuge se disuelve por un divorcio.

Este documento no puede cambiarse o modificarse. Si usted quiere hacer cambios en este documento, usted debe hacer uno completamente nuevo.

Usted pudiera querer nombrar un agente alterno, para el caso que su agente alterno no quiera, no pueda o no sea elegible para actuar como su agente. Cualquier agente alterno que usted nombre tiene la misma autoridad para tomar decisiones de cuidado de la salud por usted.

ESTE PODER NO ES VALIDO A MENOS QUE SE FIRME EN LA PRESENCIA DE DOS O MAS TESTIGOS HABILES. LAS SIGUIENTES PERSONAS NO PUEDEN ACTUAR COMO TESTIGOS:

1. La persona que usted ha designado como su agente.
2. El que le provee a usted cuidado de la salud o residencial o un empleado de su proveedor de cuidado de salud o residencial.
3. Su cónyuge.
4. Sus herederos por ley o los beneficiarios nombrados en su testamento o en una escritura o
5. Los acreedores o personas que tengan una reclamación contra usted.

¿Qué es "propiedad común" o comunidad de bienes? "La mitad suya y la mitad de su esposa".

Querido señor Alderman:
Recientemente me casé y un amigo me dijo que de aquí en lo adelante, todas mis propiedades se consideran "comunidad de

bienes" o "propiedad comunitaria", y que debo llevar cuenta de las
propiedades que tenía antes de casarme. ¿Qué importa eso?

Cuando la gente se casa, todas sus propiedades son "en comunidad de bienes" o separadas. Básicamente la propiedad común, es todo lo que la gente adquiere después del matrimonio. Propiedad separada es todo lo que usted tenía como dueño antes de casarse, y los regalos o herencias adquiridos después del matrimonio. La propiedad común se considera que es propiedad a la mitad de cada esposo. La propiedad separada pertenece al esposo que era el dueño de ella o que la adquirió. ¿Por qué es esto importante? Porque cuando termina el matrimonio, ya sea por muerte o divorcio, la propiedad comunitaria se divide entre las partes o sus (respectivos) herederos, mientras la propiedad separada va solamente a uno de los esposos y sus herederos. Déjeme darle un ejemplo:

Suponga que usted está por casarse. Usted tiene un auto de su propiedad, algunas ropas, muebles y tiene cerca de $5,000 en el banco. Su futura esposa tiene casi las mismas propiedades. Ustedes se casan y ambos abren cuentas de bancos en sus propios nombres. Después de unos años usted compra una casa con dinero que usted ahorró después del matrimonio, y usted también se compra un auto.

Durante su matrimonio su tía rica se muere y le deja a usted $25,000. Si, en ese momento, uno de ustedes muere, o se divorcian, la casa y el auto serían propiedades comunitarias. Este quiere decir que si ustedes se divorcian dividirían ambas propiedades (o el dinero que produjeran en venta), y si uno de los dos muriera, sus herederos adquirirían un interés de la mitad en la casa y en el auto. Por otra parte, el dinero que usted puso en el banco ahorrado de sus ganancias de antes de matrimonio y el dinero que usted recibió de su tía son propiedades separadas. Esto quiere decir que si hay un divorcio son exclusivamente suyos, y si usted muere, todo esto, irá a los herederos de usted. Usted debe estar consciente, sin embargo, que los intereses ganados por sus propiedades separadas son propiedad común su cónyuge tiene el derecho a la mitad de esa cantidad.

En Texas, la gente no paga, alimony o mantenimiento conyugal, cuando hay un divorcio, las propiedades se dividen de acuerdo con las leyes de propiedad comunitaria, y esto es el final de este asunto. Recuerde, una vez que usted se case, casi todo lo que adquiera será considerado propiedad en común y será propiedad a partes iguales, de ambos esposos.

Si usted está preocupada por las leyes de propiedad comunitaria, por ejemplo, usted es una persona de mayor edad y usted quiere asegurarse que su primera familia quede bien provista, usted puede hacer un contrato para cambiar las leyes de propiedad comunitaria. Recientemente Texas enmendó sus leyes para permitirle a las personas que decidan cómo se van a considerar sus propiedades. Si usted cree que esto pueda interesarle, consulte a un abogado.

¿Qué sucede si yo no tengo un testamento? "El estado escribe uno por usted".

Querido Señor Alderman:
Recientemente me casé. Mi esposa y yo, ambos, tenemos hijos de nuestros anteriores matrimonios y ahora queremos tener hijos de los dos. Mis amigos me han dicho que es importante tener un testamento, para asegurar que los hijos del primer matrimonio queden resguardados. Yo voy a hacer que me preparen un testamento, pero tengo curiosidad: ¿Qué pasa si yo muero sin tener un testamento?

Si usted muere sin tener un testamento, el estado en efecto, escribe uno por usted. Hay unas leyes muy específicas que determinan a quién pasan sus propiedades después de su muerte. Esta determinación estará basada en el tipo de propiedad, si es separada o en común o quien le sobrevive a usted, por ejemplo, ¿está su esposa viva, y sus hijos viven? Si usted está interesado en tener una idea general de lo que pasa en un caso específico, usted debe leer primero la carta anterior, para saber cuál propiedad es separada y cuál es comunitaria, y luego buscar en las tablas o gráficas de las páginas 175-178.

Como usted puede ver el proceso se puede complicar bastante, y el mejor consejo que le puedo dar es que prepare un testamento.

Recuerde: si usted tiene un testamento, sus propiedades se dividen en la forma en que usted mande.

Si usted quiere que sus propiedades vayan a manos de alguien, que no sea, la persona a la que iría en la gráfica, usted debe tener un testamento, un buen ejemplo de lo complicado que se puede poner sin tener un testamento es lo que pudiera pasarle a usted. Si usted muere sin testamento, la casa que usted compró con su segunda esposa iría en una mitad para su segunda esposa y la otra mitad para sus hijos del primer matrimonio. Esto probablemente, no es lo que usted seleccionaría hacer en un testamento. *Usted siempre tiene una opción de seleccionar a donde irán sus propiedades después que usted muere. Simplemente escriba un testamento.*

¿Puedo escribir mi propio testamento?
"Seguro, pero a lo mejor usted no querrá hacerlo".

Querido Señor Alderman:
He leído mucho sobre lo importante que es tener un testamento. He
decidido que debo tener uno y desearía escribirlo yo mismo. ¿Es
esto legal?   ¿Cómo debo hacerlo?

Hombre o mujer casado con
hijo o hijos.

A. PROPIEDAD SEPARADA

Bienes Raices   Todas las otras Propiedades

El esposo o la esposa superviviente, solamente heredan, un
caudal hereditario o "estate" por vida en la tierra del que
murió. Cuando dicho esposo o esposa muera, todos los bienes
raíces, son propiedad del hijo o hijos del muerto.

B. PROPIEDAD EN COMUN

Bienes Raices   Todas las otras Propiedades

Los hijos de los hijos que hayan muerto toman la
parte que le correspondía a sus padres.

Es perfectamente legal que uno mismo escriba su propio testamento. Si este testamento cumple los requisitos de la ley, es tan válido, como si lo preparara un abogado. Pero si usted va a escribir su propio testamento usted debe tener cuidado. Un pequeño error puede invalidar todo el testamento y causarle problemas reales a su familia. *Por esta razón, le recomiendo fuertemente, que vea a un abogado.*

Hombre o mujer casado sin hijos o con hijos
(Le sobreviven el padre y la madre)

A. PROPIEDAD SEPARADA:

Bienes Raíces   Todas las otras propiedades

Si sólo uno de los padres sobrevive él o ella tomará la cuarta parte de los bienes raíces de las propiedades separadas y una cuarta parte se divide en partes iguales entre los hermanos y hermanas del fallecido y sus descendientes. Si no hay hermanos o hermanas que le sobrevivieran, entonces el padre o madre superviviente toma la mitad de los bienes raíces... Si ninguno de los padres sobrevive, entonces la mitad de los bienes raíces es tomada en partes iguales por los hermanos o hermanas del fallecido y sus descendientes. Si no hay padres, hermanos o hermanas del fallecido y sus descendientes que hayan sobrevivido al fallecido, entonces todos los bienes raíces son tomados por el esposo o esposa sobreviviente.

B. PROPIEDAD EN COMUN

Toda propiedad en común personal o de bienes raíces, es tomada por el esposo o esposa sobreviviente.

Hay dos tipos básicos de testamentos en Texas: el *testamento olografo*, que es el escrito en su totalidad de puño y letra del testador, y el testamento *formal*, que puede escribirse a mano, impreso o mecanografiado, y que se debe firmar en presencia de dos testigos.

Si usted escribe un testamento olografo, es válido, siempre y cuando haya sido escrito totalmente a mano y esté firmado. Si usted escribe parte del testamento a máquina o si usted llena espacios en blanco en un formulario, esto no es un testamento olografo válido. El testamento también tiene que contener la fecha y debe declarar que reemplaza todos los otros testamentos que usted haya podido escribir, o que haya escrito. Un testamento olografo, debe claramente indicar, que la intención es la de escribirlo como testamento y no debe tener impresos, escrituras a máquina o tachaduras o borraduras. Por ejemplo, el documento que está en la página que sigue, pudiera servir como un testamento olografo.

Hombre o Mujer Soltero
o Viudo o Viuda,

(CON PADRE Y MADRE SUPERVIVIENTE)	(CON PADRE, O MADRE Y HERMANOS Y HERMANAS SUPERVIVIENTES)
Caudal Hereditario Completo	Caudal Hereditario Completo

Si solamente sobrevive el padre o la madre, entonces ese padre toma 1/2 y el otro 1/2 va a partes iguales a los hermanos y hermanas. Si no hay hermanos o hermanas sobrevivientes o sus descendientes, entonces todo el caudal hereditario va a dicho padre o madre superviviente.

Viudo o Viuda
con Hijo o Hijos

Bienes Raices   Todas las otras Propiedades

En partes iguales a
todos los hijos

En partes iguales a
todos los hijos

Los hijos de los hijos que hayan muerto, toman la parte de sus padres.

Los testamentos ológrafos se deben usar solamente en situaciones de emergencia. El mejor consejo: No dependa en un testamento olografo. Tiene que ser perfecto en su escritura, y es muy fácil cometer un error. Si usted siente que tiene que escribir su propio testamento, considere un testamento formal.

Un testamento formal, debe estar firmado por el testador y presenciado por dos testigos, por lo menos. Puede escribirse a mano, a máquina, o formar parte de un formulario preimpreso. Por ejemplo, usted puede comprar un formulario, llenar los blancos a mano o puede llenarlos a máquina. Usted debe también ponerle la fecha al testamento y publicarlo (esto es declarar que es su testamento), y asegurarse que todos firman en presencia de todos. Para darse una extra protección, en otros estados, usted debe tener tres testigos.

Además de su propia firma, usted debe tener lo que se llama "una declaración jurada auto-probatoria" (self proving affidavit). Esto permite que sus sobrevivientes, lleven el testamento al juicio de testamentaria sin tener que encontrar a los testigos. Una "declaración jurada auto-probatoria" es simplemente una declaración de un notario que él ha visto a las personas firmarlo. Al final de este capítulo, he incluido algunos formularios de testamentos y de declaración jurada auto-probatoria".

Aunque la ley le permite preparar su propio testamento, yo no se lo recomiendo. Un pequeño error, puede invalidar el testamento completamente. Para estar seguro, usted debe hacer que un abogado le prepare su testamento, y usted no tendrá que pagar mucho dinero por un testamento sencillo para una persona soltera. Los precios van desde los $35 hasta más de $600. Yo envié a alguien a comprar el testamento de $35 y luego hice que un experto lo mirara. Era un testamento bueno y completamente servía los propósitos de la persona que lo compró. *En otras palabras, sondee el mercado. La mayoría de los abogados son competentes, para redactar un testamento sencillo y usted puede ahorrar cientos de dólares, haciendo unas pocas llamadas por teléfono.*

¿Qué es un albacea?
"La persona encargada".

Querido Señor Alderman:
Mi hermana acaba de morir y se me ha dicho que soy el albacea de su testamento. ¿Qué quiere decir eso? ¿Eso quiere decir que no heredaré nada? ¿Me costará dinero? No quiero aparecer cicatero, pero no soy un hombre rico.

Cuando usted muere es necesario que alguien reúna toda sus propiedades, cierre sus cuentas de banco, transfiera el título de su casa. Y además se asegure que todo se de a las personas que usted haya nombrado o designado en su testamento. A esta persona se le llama albacea. En inglés "executor" si es un hombre y "executrix" si es mujer. Usualmente usted nombra a alguien en quien usted confía, que usted cree es competente para hacer lo que se debe hacer como albacea.

No hay razón por la cual un albacea no pueda recibir propiedades, según lo disponga un testamento, y si el testamento lo ha hecho constar, él o ella, no tiene que poner fianza, o pagar ninguna cantidad de dinero para servir como albacea.

Para hacer cumplir el testamento, tiene que ser llevado a un juicio de testamentaria. ("Probate" en inglés). La testamentaria es un procedimiento legal que le da al albacea el poder de actuar. Para llevar el testamento al procedimiento de testamentaria probablemente necesite un abogado. Pero la testamentaria usualmente es un asunto de rutina y usted debe sondear el mercado al buscar a un abogado, asegúrese de comparar precios y preguntarle cómo los honorarios se computarán. Algunos abogados cobran un porcentaje mientras otros cobran por hora. Usualmente a usted le irá mejor pagando por hora. También debo decirle que los honorarios del

Última Voluntad y Testamento

Yo Jane Smith, residente del condado Harris, Tejas, declaro que este es mi testamento y última voluntad y que revoco todos los Testamentos, y codicilos anteriores.

Primero: Le dejo mi Buick de 1982 a mi único hermano, Jack Smith.

Segundo: Le dejo mi perra Shasta a Nancy Jones, que reside en West Oaks 1324, Houston, Tejas.

Tercero: Dejo el remanente de mi caudal hereditario a mis padres, Susan Smith y Joe Smith, a partes iguales. Si ellos no viven en ese momento, dejo el remanente de mi caudal hereditario a la Sociedad para la prevención de la crueldad a animales, Houston, Tejas.

Cuarto: Nombro a Larry James como albacea independiente de mi testamento

Si él no viviera o no quisiera ser albacea de mi testamento, nombro a Keith Long para actuar en su lugar.

Dispongo que no se le requiera fianza a mi albacea.

Firmado en Houston, Tejas, el 2 de Julio de 1990

Jane Smith.

Un testamento ológrafo tiene que estar perfectamente escrito.

abogado son pagados del caudal hereditario, no por usted, por lo que no tiene que preocuparse del costo.

¿Quién puede ser albacea?
"Casi todo el mundo".

Querido Señor Alderman:
Estoy haciendo un testamento. Un amigo me dijo que no puedo nombrar a mi hijo albacea del testamento porque él va a heredar mis propiedades. No sé a quien más nombrar. ¿Puedo nombrar a un banco?

La simple respuesta es: nombre a su hijo. Una persona puede ser albacea de un testamento, aunque él vaya a heredar de acuerdo con el testamento. Las únicas personas que no pueden servir como albaceas de un testamento incluye a los menores, incompetentes, criminales convictos, y otros a quien la corte encuentre no aptos para la tarea. También hay algunas restricciones sobre si una persona que no es residente o si una corporación puede actuar como albacea. Un no residente, sólo puede servir si nombra a un agente residente para aceptar las notificaciones del proceso. Una corporación solamente puede servir si está autorizada para actuar como fiduciaria en este estado.

Lo principal es que en la mayoría de los casos el albacea también es miembro de la familia y que también heredara algunas propiedades, de acuerdo con el testamento. Dígale a su amigo que a él se le informó mal.

¿Tengo que pagar impuestos sobre
el caudal hereditario?
"Solamente si usted es rico".

Querido Señor Alderman:
Tengo 83 años y me han dicho que debo empezar a donar algunas de mis propiedades para evitar el pago de impuestos al caudal hereditario. Soy casado y no tengo mucho dinero. Tenemos una casa que vale cerca de $75,000 y quizás tengamos otros $50,000 en otras propiedades. En mi testamento, yo se lo dejo todo a mi esposa, y si ella muere antes que yo, a nuestros hijos. ¿Tendrán mis herederos que pagar mucho en impuestos sobre el caudal heredi-tario?

Primero, debo aclararle una cosa. Los impuestos al caudal hereditario, que se cobran por el gobierno federal y por el estatal, no son pagados por sus herederos. Se pagan del caudal hereditario suyo. En otras palabras, ese dinero se toma, antes de distribuir el caudal hereditario a sus herederos. Pero aún más importante para usted, es que de acuerdo a la presente ley, su caudal hereditario no tendrá que pagar esos impuestos a menos que su valor sea mayor a los $600,000. *En su caso, no habrá ninguna responsabilidad por impuestos al caudal hereditario.*

Usted debe también saber que no importa lo grande que el caudal hereditario sea, si la propiedad va a su esposa, no hay que pagar impuestos. Por ejemplo, suponga que su caudal hereditario valiera $700,000, se deberían impuestos sobre el caudal hereditario al momento de su muerte. Pero si usted se lo deja todo a su esposa, no tendría que pagar ningún impuesto de caudal hereditario. Desde luego cuando ella muera, se tendrían que pagar los impuestos.

Si usted cree que su caudal hereditario va a tener que pagar impuestos, usted debe ver a un abogado para hacer lo que se llama "planeamiento del caudal hereditario" (Estate Planning). Hay muchas cosas que usted puede hacer para evitar, legalmente el pagar impuestos al caudal hereditario.

¿Qué es un caudal hereditario de por vida o life estate? "Es otro tipo de propiedad".

Querido Señor Alderman:
Recientemente mi padre murió. El abogado, encargado de las cosas, me dijo que mi padre me dejó su casa. Pero que le dejó "un caudal hereditario de por vida" o life estate a mi madrastra, por lo que yo no puedo tener la casa hasta que ella muera. No entiendo. ¿Si es mi casa, por qué tengo que dejar que ella viva allí? Yo vivo en una casa pequeña y sería realmente agradable tener un lugar más grande para vivir. No quiero aparecer frío, pero mi padre estuvo casado con mi madrastra por menos de un año, y esto no me parece justo. ¿Hay algo que yo pueda hacer?

La respuesta es no. Lo que el abogado le dijo es correcto. Si su madrastra tiene un caudal hereditario de por vida en la casa, dicha casa es de ella, para hacer con ella lo que quiera, hasta que ella muera. Entonces es que se convierte en suya.

Cuando usted transfiere propiedades, hay muchas maneras diferentes de hacerlo. Por ejemplo, usted la puede dar directa y completamente, como en el caso de un regalo o de una manda regular en un testamento. Pero esta no es la única forma de transferir propiedades. *Cuando usted transfiere la propiedad, usted no tiene que hacer una transferencia absoluta. La ley le permite a usted transferir menos de un interés completo e ilimitado.* Un ejemplo común, es cuando usted renta un apartamento. El arrendador le transfiere a usted un interés en la propiedad, pero como inquilino su interés está limitado por los términos del contrato de arrendamiento. "Un caudal hereditario de por vida" es otra manera de transferir la propiedad. Cuando usted obtiene un caudal hereditario de por vida, usted obtiene los derechos completos a la propiedad, pero solamente mientras usted viva. A su muerte la propiedad automáticamente pasa a otra persona. ¿Por eso qué derechos tiene su madrastra? Básicamente, ella puede hacer lo que quiera con la propiedad, como si ella fuera la dueña. Pero cuando muera, la propiedad es suya. Por ejemplo, digamos que ella vendió la propiedad.

Todo el poder legal que ella tiene es vender su caudal hereditario de por vida, y por lo tanto, cuando ella muera, el que haya comprado la propiedad no tendría título sobre la misma, a partir de ese momento. La propiedad sería suya. El comprador solamente tendría los mismos derechos que los que tendría su madrastra.

Un caudal hereditario de por vida, o life estate, es una manera útil de proveer las necesidades de una persona durante su vida, mientras se asegura que el título, a la larga vaya a otra persona.

Su padre probablemente quería, que su madrastra, estuviera bien situada para el resto de su vida, pero que a la larga, usted recibiera la casa. Esto es exactamente lo que ocurriría por medio del uso de un caudal hereditario de por vida.

Me acabo de mudar para Texas. ¿Es mi testamento todavía válido? "Quizás no".

Querido Señor Alderman:
Mi esposa y yo hemos vivido en Arkansas por más de 20 años. Nos acabamos de mudar para Texas para estar cerca de nuestros nietos. Los dos tenemos testamentos escritos por un abogado de Arkansas. ¿Son estos testamentos buenos en Texas? Realmente, no desearíamos, gastar el dinero para hacer que se escriban nuevos testamentos.

La simple respuesta es "no sé". Para darle una respuesta, tendría que ser experto en las leyes de Arkansas.

Aunque, estos son los Estados Unidos de América, cada estado, tiene sus propias leyes, y tiene la libertad de regular a sus ciudadanos de la manera que estime conveniente. Por ejemplo en algunos estados, usted puede tomar a los 18 años, mientras en otros es a los 21. Aunque usted puede jugar a juegos de azar en Nevada, y en Atlantic City, New Jersey, el juego al azar es ilegal en la mayoría de los estados.

Lo mismo es cierto con respecto a testamentos. Cada estado tiene sus propios requisitos sobre lo que se debe incluir en un testamento y que sucede si usted no tiene uno, o si tiene uno que no es válido. Aunque en la mayoría de los casos, los requisitos son los mismos, no hay garantía de que un testamento válido en un estado sea válido en otro. *Un testamento hecho en otro estado es válido en Texas si llena los requisitos de ley de Texas.* El testamento no es válido, no importa que lo sea en otro estado, si no cumple con la ley de Texas.

Por ejemplo, la ley de Texas requiere que dos personas sean testigos del testamento. Si el testamento se hizo en un estado que requiere un solo testigo, y usted solamente tiene un testigo, entonces no sería válido al mudarse para Texas. Pero si usted hace un testamento en un estado que requiere tres testigos, esto satisfacería también lo requerido en la ley de Texas. En otras palabras, la única manera de decirle si su testamento es válido, es de examinarlo, para ver si cumple con la ley de Texas. Como no soy experto en la ley de Arkansas no podría decirle si el testamento de Arkansas es válido.

El mejor consejo que puedo darle es llevar su testamento a un abogado y dejarle ver el testamento para ver si cumple con las leyes de Texas. Usted debe asegurarse también que el testamento haga lo que usted quiere con su caudal hereditario. Como dije en la introducción a esta sección, usted debe sondear el mercado, por un abogado, antes de ver a uno. Los testamentos se consideran asuntos legales de rutina y la mayoría de los abogados son competentes para manejarlos. Usted podría ahorrar mucho dinero haciendo algunas llamadas por teléfono.

Formularios de testamentos

Como dije antes, no hay un solo testamento, que sea bueno para todo el mundo. Usted debe considerar a quien usted quiere que vaya su propiedad después de su muerte y cómo usted quiere que esa propiedad se transfiera. Por ejemplo, usted puede que quiera que la propiedad (o propiedades) dadas a menores se pongan en un fideicomiso, hasta que lleguen a cierta edad.

Los formularios o modelos que siguen son solamente tres ejemplos de testamentos. Uno es para una persona soltera, otro para una persona casada sin hijos, y el último es para una persona casada con hijos. Léalos cuidadosamente. Si el formulario hace lo que usted quiere hacer con su propiedad o propiedades, entonces usted debe pensar sobre usar ese. Usted puede también hacer cambios para ajustarlo a sus necesidades. Pero, aun así le recomiendo que se ponga en contacto con un abogado para redactar un testamento hecho a sus especiales necesidades. Estos formularios se deben considerar, como una medida de emergencia, hasta que usted tenga la oportunidad de ver a un abogado.

Instrucciones

El "testador" ("testador" en inglés) es la persona que hace el testamento y la testadora ("testatrix" en inglés) si es una mujer. Si usted usa estos testamentos-modelos, asegúrese de poner la designación correcta. También "executor" se usa para el hombre por albacea. La mujer es "executrix". Asegúrese de leer el testamento, cuidadosamente, y cuando usted escriba, *asegúrese de firmar cada página en la parte de abajo y al final del testamento.*

Usted debe firmar en presencia de tres testigos y un notario, y usted debe declarar que es su testamento, antes de firmar. Usted debe también hacer que todos los testigos firmen en la presencia de cada uno de ellos y del notario. *Asegúrese de completar y añadir al testamento, la declaración jurada, auto-probatoria (self-proving affidavit).*

**Formulario de testamento para una persona soltera.
(Vea la versión en inglés en el apéndice).**

TESTAMENTO Y ULTIMA VOLUNTAD
DE
JANET GRANT

ESTADO DE TEXAS)
CONDADO DE HARRIS)
POR MEDIO DE LA PRESENTE HAGO CONSTAR:
QUE YO, JANET GRANT, residente del Condado de HARRIS, Texas, estando en mi sano juicio y buena memoria, y teniendo más de dieciocho años de edad, por medio de la presente hago, público y declaro mi última voluntad y testamento, revocando por medio del presente, cuantos testamentos o codicilos se hayan hecho por mí con anterioridad.

ARTICULO I
Declaraciones
Sección 1.1 Declaro que no estoy casada en este momento.
Sección 1.2 No he tenido hijos ni he adoptado ningún hijo.
Sección 1.3 Es mi intención disponer de todas mis propiedades raíces o personales a las que tengo derecho de disponer por medio de testamento.

ARTICULO II
Ejecución del testamento
Sección 2.1 Nombro a mi padre FRED GRANT, de HOUSTON, Texas albacea independiente y ejecutor de esta mi última voluntad y testamento. En caso de que FRED GRANT no pudiera llenar los requisitos para el cargo, o no quisiera hacerlo, por cualquier razón, dejara de llenar los requisitos o después de haberlos llenado, por cualquier razón dejara de actuar, designo a mi amigo TOM POST de HOUSTON como sucesor o albacea independiente, de acuerdo con este testamento.
Como se usa aquí, el término "Albacea" significa la persona que actúe en ese entonces de acuerdo con alguno de los nombramientos mencionados.
Sección 2.2 Dispongo que no se le exija fianza u otro tipo de

_____
TESTADORA

(modelo continúa en la siguiente página)

seguridad a mi albacea y que cualquier albacea, más adelante, será independiente de la supervisión y dirección de la corte de testamentarias, en la mayor extensión que permita la ley. Dispongo además que no se pueda tener ninguna acción en la jurisdicción de cualquier Corte de testamentarias en conexión con este testamento o con la administración o la liquidación de mi caudal hereditario, excepto el llevar este testamento a la corte de testamentarias y el traer cualquier inventario, evaluación, o lista de reclamaciones que deba o se deban a mi caudal hereditario.

Sección 2.3 Mi albacea tendrá y podrá ejercitar sin obtener previo permiso de cualquier corte, todos los poderes que los albaceas independientes tienen de acuerdo con las leyes del Estado de Texas.

ARTICULO III
Legados

Sección 3.1 Dejo mi alfiler de diamantes a mi hermana SUSAN GRANT, si ella me sobreviviera por 30 días; si ella no me sobreviviera, el regalo quedará sin efecto y el artículo entrará a formar parte de mi caudal hereditario.

Sección 3.2 Por medio de la presente, lego el resto de mi caudal hereditario, ya sea en bienes raíces, propiedades personales o mixtas, dondequiera que estén situadas, a mis padres FRED GRANT y MARTHA GRANT DE HOUSTON, Texas, a compartir o a partes iguales.

Sección 3.3 En el caso de que uno de ellos, FRED GRANT o MARTHA GRANT no me sobreviviera, dejo, o lego el resto de mis propiedades a TOM POST de HOUSTON, Texas.

Sección 3.5 En el caso que ninguna de las personas aquí designadas me sobreviviera, entonces dispongo que mi caudal hereditario pase a mis herederos de acuerdo con la ley.

Sección 3.6 Se entenderá que nadie me ha sobrevivido, a menos que esa persona viva por lo menos treinta días, después de la fecha de mi muerte.

Y PARA QUE CONSTE, YO, JANET GRANT, testadora, firmo mi nombre en el _____ día de _____ de 19____ en este instrumento, y declaro que el mismo es mi última voluntad y testamento, en la presencia de _____ y de _____ testigos presenciales, que a petición

_____
TESTADORA

(modelo continúa en la siguiente página)

mía, dan fe de lo declarado, en mi presencia y en presencia del otro testigo.

El presente instrumento, se hizo público aquí, como la última voluntad y Testamento de JANET GRANT, y fue firmado y subscrito por ella, la testadora, en nuestra presencia y en la presencia de cada uno de nosotros, que firmamos nuestros nombres como testigos presenciales y que damos fe.

Dirección:

_____   _____
                                     Testigo
_____

Dirección:

_____   _____
                                     Testigo
_____

Dirección:

_____   _____
                                     Testigo

(AÑADIR LA DECLARACION JURADA
AUTO PROBATORIA)

**Formulario de testamento de persona casada sin hijos.
(Vea la versión en inglés en el apéndice).**

ULTIMA VOLUNTAD Y TESTAMENTO
DE
CATHY NAM SIMES

ESTADO DE TEXAS   )
CONDADO DE TRAVIS)

POR MEDIO DE LA PRESENTE HAGO CONSTAR:

QUE YO, CATHY NAN SIMES DEL CONDADO TRAVIS, Texas, estando en mi sano juicio y buena memoria y teniendo más de dieciocho (18) años de edad, por medio de la presente hago público y declaro, mi última voluntad y testamento, revocando por medio de la presente, cuantos testamentos o codicilos se hayan hecho por mí con anterioridad.

I.

Declaro que estoy casada con THOMAS SIMES y que todas las referencias que se hagan en este testamento a mi esposo son referencias a él. No tengo ningún hijo o hijos, vivos o muertos, nacidos de mí o adoptados, en la fecha de firma de este testamento.

II.

Por medio de la presente nombro a mi esposo, THOMAS SIMES, como albacea independiente de este testamento, y ordeno que no se requiera de él ninguna fianza. Si mi esposo, THOMAS SIMES muriera antes que yo, o por cualquier razón, no pudiera llenar los requisitos para actuar como albacea, o que declinara hacerlo, entonces nombro a JOHN TAPER, de AUSTIN, TEXAS, como albacea independiente de este testamento, para actuar sin fianza ni compensación. Si mi esposo o John Taper, ambos, dejaran de llenar los requisitos o declinaran actuar como albaceas, Yo nombro y designo a ALICE BRADLEY de AUSTIN, TEXAS, como albacea independiente de este testamento, para servir sin fianza ni compensación.

Mi albacea tendrá todos los derechos y poderes y estará sujeto a todos los deberes y responsabilidades que se le confieren e imponen a un albacea independiente por el Código de Testamentarias de Texas, como lo dispone actualmente dicho código o como sea enmendado en el futuro.

_____
TESTADORA

(modelo continúa en la siguiente página)

Dispongo que no se tome ninguna acción en ninguna corte en relación con la liquidación de mi caudal hereditario, excepto la de llevar el testamento al procedimiento de testamentaria y el registro o inscripción de este testamento, y el traer un inventario, de acuerdo con la ley, y las evaluaciones y lista de reclamaciones de mi caudal hereditario.

III.

Doy, dejo y lego a mi amado esposo THOMAS SIMES, todas mis propiedades, bienes raíces, personales o mixtas, dondequiera que estén, de cualquier clase y descripción, de todo lo que yo posea, a mi muerte o que pueda tener derecho al momento de mi muerte, para que la tenga y conserve como su propiedad en forma absoluta.

IV.

Si mi esposo, THOMAS SIMES, muriera antes que yo, o si él y yo muriéramos como resultado de un desastre común, o bajo tales circunstancias que no hay suficiente evidencia para determinar el orden de nuestras muertes, o si mi esposo THOMAS SIMES, muriera dentro de un período de 30 días a contar de la fecha de mi muerte, entonces todas las mandas y legados y órdenes hechas aquí, para su beneficio, quedarán anuladas y mi caudal hereditario será administrado y distribuido en todo como si mi esposo, THOMAS SIMES, no me hubiera sobrevivido.

V.

Si mi esposo, THOMAS SIMES, no me sobreviviera, doy la suma de diez mil dólares ($10,000.00) a SANDY WRIGHT de HOUSTON, TEXAS, si ella me sobreviviera a mí, Y le dejo y lego mi órgano marca Hammond, automóvil, joyas, y el resto de mi caudal hereditario a JOHN TAPER, de AUSTIN, TEXAS, si él me sobreviviera.

VI.

Para el caso que JOHN TAPER no me sobreviva, entonces dispongo que mi caudal hereditario pase a mis herederos de acuerdo con la ley.

_____
TESTADORA

(modelo continúa en la siguiente página)

VII.

No se entenderá que ninguna persona me ha sobrevivido a menos que esa persona viva por lo menos 30 días después de la fecha de mi muerte.

VIII.

Si cualquier beneficiario nombrado en este testamento, en cualquier manera, directa o indirecta, atacara o impugnara este testamento o cualquiera de sus disposiciones, cualquier participación o interés en mi caudal hereditario, que se le haya dado al beneficiario impugnador por este testamento, será revocada, y deberá disponerse, en la misma manera que aquí se dispone y prevee, como si mi beneficiario impugnador hubiese muerto antes que yo sin dejar herederos.

IX.

Declaro que he hecho y he pagado los arreglos funerales míos con PLEASANT VALLEY REST, AUSTIN, TEXAS, y le ordeno a mi albacea que tome todas las medidas necesarias para llevar a cabo esos arreglos.

EN TESTIMONIO DE LO CUAL, YO, CATHY NAN SIMES, testadora, subscribo y firmo mi nombre en este _____ día de _____ de 19____, en este instrumento, y declaro que el mismo es mi testamento y última voluntad, en la presencia de _____ y de _____ testigos presenciales e instrumentales, que lo hacen a petición mía, en mi presencia y en la presencia de cada uno de ellos.

_____

TESTADORA

El anterior instrumento, fue publicado como su Ultima Voluntad y Testamento de CATHY NAN SIMES y firmado y subscrito por ella, la testadora, en nuestra presencia y nosotros,

(modelo continúa en la siguiente página)

a petición de ella y en su presencia y en la presencia de cada uno de nosotros firmamos y subscribimos nuestros nombres, en el presente documento como testigos instrumentales.

Dirección:

_____

_____   Testigo

_____

Dirección:

_____

_____   Testigo

_____

Dirección:

_____

_____   Testigo

_____

**(AÑADIR LA DECLARACION JURADA
AUTO PROBATORIA)**

Formulario de testamento para persona casada con hijos.
(Vea la versión en inglés en el apéndice).

TESTAMENTO Y ULTIMA VOLUNTAD DE
JOSEPH RALPH SMITH

ESTADO DE TEXAS)
CONDADO HIDALGO)
POR MEDIO DE LA PRESENTE SE HACE CONSTAR:
QUE Yo, JOSEPH RALPH SMITH, DEL CONDADO HI-
DALGO, Texas, estando en mi sano juicio y gozando de buena
memoria y teniendo más de dieciocho años de edad (18), por
medio de la presente hago, público y declaro mi última voluntad
y testamento, revocando, por medio del presente, cuantos
testamentos o codicilos se hayan hecho por mí, con anterioridad.

I.
Declaro que estoy casado con ROSIE JONNA SMITH, y que
todas las referencias que se hagan en este testamento a mi
esposa son referencias a ella. Tengo dos hijos, que viven ahora,
que son:

EMERSON SMITH	18 de febrero de 1958
	fecha de nacimiento

BARBARA SMITH	27 de octubre de 1967
	fecha de nacimiento

Ningún otro hijo o hijos, excepto los nombrados anteriormente, han sido procreados por mí en la fecha de firmar y publicar
este testamento y no he adoptado ningún hijo o hijos, hasta la
fecha de firmar y publicar este testamento. Todas las referencias en este testamento "a mis hijos" es a los nombrados
anteriormente, y a cualquier hijo que nazca después o que sea
adoptado por mi después.

II.
Por medio de la presente, nombro a mi esposa ROSIE JONNA
SMITH, albacea independiente de mi testamento y dispongo
que no se le requiera fianza. Si por cualquier razón ella no puede

TESTADORA

(modelo continúa en la siguiente página)

o pudiendo rehusa actuar como albacea, entonces nombro a GEORGE JAMES de DONNA, TEXAS, como mi albacea independiente para ejecutar este testamento, el que servirá sin tener que dar fianza.

Si mi esposa y GEORGE JAMES, ambos, no pueden llenar los requisitos o rehusan hacerlo, nombro al FIRST BANK OF DONNA, como albacea independiente de mi testamento, sirviendo, sin necesidad de fianza. Dispongo que no se podrá tener ninguna acción en ninguna corte en relación con la liquidación y disposición de mi caudal hereditario, excepto el llevar este testamento a la corte de testamentarias (probate) y el traer el inventario de ley, las evaluaciones y la lista de reclamaciones que deba o se deban a mi caudal hereditario ("estate").

III.

Dejo y lego a mi amada esposa, ROSIE JONNA SMITH, todas mis propiedades en bienes raíces, personales o mixtas, donde quiera que estén, de cualquier clase o descripción, o a las cuales yo tenga derecho o título en el momento de mi muerte, para que ella las tenga y las disfrute como de su entera propiedad.

IV.

Si mi esposa, ROSIE JONNA SMITH, muriera antes que yo, o si ella y yo, muriésemos como resultado de un accidente o evento común, o bajo circunstancias, donde no haya suficiente evidencia para determinar el orden de nuestras muertes, o si mi esposa ROSIE JONNA SMITH, muriera dentro de un período de treinta (30) días después de la fecha de mi muerte, entonces todas las mandas, legados y provisiones hechas aquí para su beneficio, quedaran anuladas y mi caudal hereditario, deberá administrarse y distribuirse en todos los respectos como si mi esposa ROSIE JONNA SMITH no me hubiese sobrevivido.

V.

Si mi esposa no me sobreviviera, dispongo que mi caudal hereditario total pase a la propiedad de mis hijos que me sobrevivan, EMERSON SMITH y BARBARA SMITH, para compartir a partes iguales.

Si cualquier hijo mío, fuera menor de edad, en el momento de

_____

TESTADORA

(modelo continúa en la siguiente página)

mi muerte entonces dispongo que se entregue su caudal a GEORGE JAMES. Como tutor de ese caudal de mi menor hijo, GEORGE JAMES servirá sin necesidad de fianza. Si por cualquier razón GEORGE JAMES, no puede actuar en esa capacidad, entonces nombro a LEE EARL, de DONNA, TEXAS, para que actúe como tutor o *guardián*, del caudal hereditario de mi hijo, el que servirá sin necesidad de fianza.

VI.

En el evento que en cualquier momento fuera necesario nombrar un tutor o *guardián*, para cualquier hijo mío, entonces designo como tal tutor o *guardián* a GEORGE JAMES y si por cualquier razón él dejara o cesara de servir en ese cargo, nombro en su lugar a LEE EARL, como tutor o guardián, por medio de la presente, y dispongo que a ningún tutor o *guardián*, se le requiera proporcionar o dar fianza de ningún tipo.

VII.

En el evento que cualquiera de mis hijos muriera antes que yo o si él o ella muriese como resultado de un evento desgraciado común o bajo circunstancias donde no haya suficiente evidencia para determinar el orden de nuestras muertes, entonces todas las mandas, legados y disposiciones hechas aquí para el beneficio de él o ella, quedarán anulados y mi caudal hereditario deberá administrarse y distribuirse, en todos los respectos, como si mi hijo o hijos no me hubieran sobrevivido.

VIII.

Para el caso que ninguna de las personas designadas y nombradas aquí me sobrevivieran, entonces, dispongo, que mi caudal hereditario, pase a mis herederos de acuerdo con la ley.

IX.

Se entenderá que nadie me ha sobrevivido, (a menos que esa persona viva), por lo menos treinta (30) días después de la fecha de mi muerte), Y PARA QUE CONSTE, YO, JOSEPH RALPH SMITH, testador, firmo mi nombre, este día 21 de junio de 1985, en este instrumento, y declaro que el mismo es mi última

TESTADORA

(modelo continúa en la siguiente página)

voluntad y testamento, en la presencia de _____,
_____, _____
y de_____
   Testigos instrumentales, que a petición mía y en mi presencia, dan fe de lo declarado, y en presencia del otro testigo.

_____
TESTADOR

   El presente instrumento, se hizo público, aquí como la última voluntad y testamento de JOSEPH RALPH SMITH, y fue firmado y suscrito por el mismo, el testador, en nuestra presencia, y nosotros a petición suya, en su presencia y en la presencia del otro testigo, firmamos y suscribimos nuestros nombres, aquí, como testigos instrumentales y que damos fe.

Dirección:

_____
_____
Testigo

Dirección:

_____
_____
Testigo

Dirección:

_____
_____
Testigo

**(AÑADIR LA DECLARACION JURADA (AFFIDAVIT)
AUTO PROBATORIA)**

**(El formulario que está en las páginas siguientes, se debe
añadir al final del testamento).
(Vea la versión en inglés en el apéndice).**

DECLARACION JURADA-AUTO PROBATORIA
Para testamento

ESTADO DE TEXAS)
CONDADO DE_____)

Ante mí, la autoridad que firma más abajo, en este día, personalmente comparecieron: _____,

_____,

y_____,
conocidos por mí como el testador o testadora y los testigos respectivamente, cuyos nombres se firman para ser añadidos al anterior instrumento en sus respectivas capacidades, y ante todas estas personas, después de prestar juramento debidamente, el dicho _____,
testador o testadora, me declaró a mí y a los dichos testigos en mi presencia que el mencionado instrumento es su última voluntad y testamento, y que él o ella voluntariamente lo hizo y lo firmó como un acto de libre voluntad, para el propósito expresado aquí, y que dichos testigos cada uno de ellos bajo juramento, me declararon a mí, en la presencia y siendo oídos por el testador o la testadora, que dicho testador o testadora les había declarado a ellos que dicho instrumento era su última voluntad y testamento y que él/ella lo había firmado como tal y quería que cada uno de ellos firmara como testigo, y bajo juramento cada testigo declaró que ellos habían firmado como testigos en la presencia de dicho testador o testadora, a su petición, y que él o ella tenía en ese momento dieciocho años de edad o más, que estaba en su sano juicio, y que cada uno de dichos testigos tenían por lo menos catorce años de edad.

_____
TESTADOR O TESTADORA

Dirección:

_____   _____
                                 Testigo
_____

(modelo continúa en la siguiente página)

Dirección:

_____   _____
                                   Testigo
_____

Dirección:

_____   _____
                                   Testigo
_____

   SUSCRITO Y ATESTADO, ante mí, por dicho testador/
testadora _____y
suscrito y jurado, ante mí, por los testigos antes mencionados
_____,_____
y_____,
   Y para que conste se extiende la presente el día _____ de
_____ de 19____.

                               _____
                               Notario Público

                               _____
                               Mi comisión expirará el

(Vea la versión en inglés en el apéndice)

INSTRUCCIONES A LOS MEDICOS

Estas instrucciones las hice el día ____ del mes de _____ de 199___.

Yo,_____estando en mi sano juicio, voluntariamente hago saber mi deseo, que no se me debe prolongar la vida artificialmente, bajo las circunstancias que se fijan más abajo y por medio de la presente, declaro:

1. Que si en algún momento, yo tuviera una enfermedad incurable o una condición irreversible, causada por lesiones o enfermedades, certificadas como condición mortal por dos médicos, y cuando la aplicación de los procedimientos para el sostenimiento de la vida humana sirvan solamente para prolongar artificialmente el momento de mi muerte y cuando el médico que me atienda determine que mi muerte es inminente y tendría lugar dentro de un corto período de tiempo sin la aplicación de los procedimientos para el sostenimiento de la vida, yo dispongo e instruyo a los médicos, que me quiten esos procedimientos, y que se me permita morir en forma natural.

2. Si no puedo dar instrucciones sobre el uso de los procedimientos de sostenimiento de la vida, es mi invención, que estas instrucciones sean seguidas y obedecidas por mi familia y por los médicos, como final expresión de mi derecho, de acuerdo con la ley, de rehusar tratamientos médicos o quirúrgicos y de aceptar las consecuencias de ese acto.

Otras instrucciones:

3. Si se me ha diagnosticado como embarazada y este diagnóstico es conocido por mi médico, esta instrucción u orden, no tendrá fuerza o efecto durante el curso de mi embarazo.

4. Estas instrucciones permanecerán en efecto hasta que sean revocadas.

5. Yo entiendo la importancia y sentido completo de estas instrucciones y estoy emocional y mentalmente competente para dar estas instrucciones.

6. Entiendo que yo puedo revocar estas instrucciones en cualquier momento.

Firmado_____

(modelo continúa en la siguiente página)

Ciudad, condado y estado de mi residencia _____

Yo no estoy relacionado o emparentado con el declarante por sangre o matrimonio, tampoco tendré derecho a ninguna porción del caudal hereditario o "estate" del declarante a su muerte. Tampoco soy médico de cabecera del declarante, ni soy un empleado del médico que lo atiende; tampoco soy paciente en instalaciones de cuidado de la salud en las que el declarante es un paciente, tampoco soy una persona que tenga una reclamación contra cualquier parte o porción del caudal hereditario del declarante al ocurrir su muerte.

Además, si soy un empleado de la instalación de la salud donde el declarante es un paciente, no estoy involucrado directamente en proveerle al paciente, cuidados de salud. Tampoco estoy directamente involucrado en los asuntos financieros de la instalación de salud.

Testigo _____

Testigo _____

Ante mí, la autoridad abajo firmante, en este día, comparecieron personalmente _____, _____, y _____, conocidos por mí como el declarante y los testigos cuyos nombres se firman en este instrumento en sus respectivas capacidades, y a todas las dichas personas, les tomé el juramento y el declarante, _____ me declaró a mí y a los dichos testigos, en mi presencia, que dicho instrumento es el de instrucciones a médicos, y que él o ella, lo hizo, en forma voluntaria y lo firma y ejecuta como su acto de libre voluntad para los efectos y propósitos de su intención.

Declarante_____
Testigo _____ Testigo_____
Suscrito y reconocido y atestado, ante mí por dicho declarante, _____, y por dichos testigos _____ y _____ este día de_____de 19____.

_____
Notario Público

Mi comisión expirará el_____, 19____

Formularios

Este apéndice es una colección de la versión en inglés de los diferentes formularios que se encuentran a través de las páginas de este libro. El número de la página en que cada uno de ellos se encuentra, lo hallará en la parte superior de cada formulario.

Carta disputando un cargo hecho en una cuenta
(Vea versión en español en la página 44)

Date   Your name
                                                        Address

Credit Card Company
Address
RE: Account #_____
I am disputing the charge in my (month) statement in the amount of $(give amount), for the purchase of (item).

State reasons for refusal to pay: For example, the writer of the prior letter would say:

This charge was for the purchase of a plant which the store told me was in great condition, a showpiece. The plant was infected with mites. I have returned the plant and refuse to pay because it is defective. The store now has the plant.

Please remove this charge from my bill. Thank you for your expected cooperation.

_____
Signed

Notificación de cancelación
(Vea versión en español en la página 77)

NOTICE OF CANCELLATION

<u>(enter date of transaction)</u>

You may cancel this transaction, without any penalty or obligation, within three business days from the above date.

If you cancel, any property traded in, any payments made by you under the contract or sale, and any negotiable instrument executed by you will be returned within 10 business days following receipt by the merchant of your cancellation notice, and any security interest arising out of the transaction will be cancelled.

If you cancel, you must make available to the merchant at your residence, in substantially as good condition as when received, any goods delivered to you under this contract or sale; or you may if you wish, comply with the instructions of the merchant regarding the return shipment of the goods at the merchant's expense and risk.

If you do not agree to return the goods to the merchant or if the merchant does not pick them up within 20 days of the date of your notice of cancellation, you may retain or dispose of the goods without any further obligation.

To cancel this transaction, mail or deliver a signed and dated copy of this cancellation notice or any other written notice, or send a telegram, to (Name of merchant), at (Address of merchant's place of business) not later than midnight of __(Date)__ .

I hereby cancel this transaction.

__(Date)__

__(Buyer's signature)__

Carta preparando la acción para presentar una demanda, bajo lo dispuesto en la Ley de prácticas comerciales engañosas.
(Vea versión en español en la página 99)

Mr. C. Consumer
435 Central Dr.
Consumer, TX 77597

Dear Mr. Merchant:

On Wednesday, June 16, I brought my car into your shop to be repaired. I told you to tune it up and you stated that it would cost $49.95. This is the same amount advertised in the paper the day before. When I picked up my car you charged me $124.95. You told me that the $49.95 was for imports only. This was not stated in the ad or told to me before.

I feel your conduct in stating one price and charging another is a false and deceptive practice under the Texas Deceptive Trade Practices Act. I have been damaged in the amount of $75.

Under the law I must give you 60 days' notice of my complaint prior to filing a claim. Unless I receive a satisfactory settlement from you within that period I intend to pursue my claim in court. I should point out that if I am successful I will be entitled to three times my damages.

Thank you for your expected cooperation.

Sincerely yours,
C. Consumer

Carta reclamando la devolución del depósito en una casa alquilada.
(Vea versión en español en la página 114)

Landlord Name
Street Address
City, State, Zip

Dear Landlord:

On (fill-in date) I moved out of the house/apartment that I was renting from you. As our lease agreement provided, I gave proper notice and left the apartment in good condition. I was also current in my rent.

When I moved in, I paid a security deposit of (amount). You have not returned my deposit as the law requires. Under the law, a landlord must refund a security deposit or send written notice of the reasons it is being withheld within 30 days after the tenant vacates the property.

Unless I receive my security deposit from you within a reasonable time, I intend to go to small claims court. I should tell you that if I do go to court, I may be entitled to three times the amount of my deposit plus $100.

Thank you for your expected cooperation in this matter. If you need to reach me, my present address is: (street address).

Sincerely,
(sign your name)

Cartas al arrendador sobre problemas en la propiedad alquilada.
(Vea versión en español en la página 118 y 119)

Landlord
Landlord Street
City, Texas 77000

Dear Landlord:

On (fill in date) I discovered that [state nature of problem] my roof was leaking.

This condition materially affects the health and safety of an ordinary tenant. I have in no way caused or contributed to this condition.

Please repair this condition immediately. If you need more information or would like to arrange for a repair person to enter my apartment, I can be reached during the day at (phone number) and in the evening at (phone).

Thank you for your expected cooperation in this matter.

Sincerely yours,

Your Name

Landlord
Landlord Street
City, Texas 77000

Dear Landlord:

On (fill in date) I wrote you concerning [state nature of problem] my leaky roof. I have attached a copy of that letter.

It has now been more than a reasonable time to make repairs and you have not fixed it. As I told you in my earlier letter, this condition materially affects my physical health and safety.

Unless the repairs are made to my apartment immediately, I intend either to terminate the lease, seek damages for your failure to repair, or have the condition repaired and withhold the cost from my rent. I should advise you that, under the law, I may be entitled to a refund of any rent already paid if I terminate, or a penalty of one month's rent plus $100, and court costs and attorney's fees if I seek damages.

I hope that it will not be necessary for me to take any further action. Thank you for your expected cooperation.

Sincerely yours,

Your Name

206 ¡Conozca sus Derechos!

Típica demanda en la Corte
de reclamaciones menores..
(Vea versión en español en la página 143)

In the Small Claims Court of _____ County, Texas
Plaintiff
vs.
Defendant
State of Texas
County of _____

(Plaintiff), whose post office address is

_____
Street and Number

_____, _____,
City   County,

Texas, being duly sworn, on his oath deposes and says that (defendant), whose post office address is _____

_____,
County, Texas, is justly indebted to him in the sum of _____ Dollars and _____ Cents ($_____), for _____

_____

(here the nature of the claim should be stated in concise form and without technicality, including all pertinent dates), and that there are no counter claims existing in favor of the defendant and against the plaintiff, except _____

_____

_____
Plaintiff

Subscribed and sworn to before me this _____ day of _____,
19__.

_____
Judge

Poder designando agente para el cuidado de la salud.
(Vea versión en español en la página 168-170, 170-172)

DURABLE POWER OF ATTORNEY FOR HEALTH CARE DESIGNATION OF HEALTH CARE AGENT.

I, _____ (insert your name) appoint:

Name: _____

Address: _____ Phone _____

as my agent to make any and all health care decisions for me, except to the extent I state otherwise in this document. This durable power of attorney for health care takes effect if I become unable to make my own health care decisions and this fact is certified in writing by my physician.

LIMITATIONS ON THE DECISION MAKING AUTHORITY OF MY AGENT ARE AS FOLLOWS: _____

DESIGNATION OF ALTERNATE AGENT.

(You are not required to designate an alternate agent but you may do so. An alternate agent may make the same health care decisions as the designated agent if the designated agent is unable or unwilling to act as your agent. If the agent designated is your spouse, the designation is automatically revoked by law if your marriage is dissolved.)

If the person designated as my agent is unable or unwilling to make health care decisions for me, I designate the following persons to serve as my agent to make health care decisions for me as authorized by this document, who serve in the following order:

A. First Alternate Agent

Name: _____

Address: _____ Phone _____

B. Second Alternate Agent

Name: _____

Address: _____ Phone _____

The original of this document is kept at _____

The following individuals or institutions have signed copies:

Name: _____

Address: _____

Name: _____

Address: _____

(este documento continúa en la siguiente página)

DURATION.

I understand that this power of attorney exists indefinitely from the date I execute this document unless I establish a shorter time or revoke the power of attorney. If I am unable to make health care decisions for myself when this power of attorney expires, the authority I have granted my agent continues to exist until the time I become able to make health care decisions for myself.

(IF APPLICABLE) This power of attorney ends on _____

PRIOR DESIGNATIONS REVOKED.

I revoke any prior durable power of attorney for health care.

ACKNOWLEDGEMENT OF DISCLOSURE STATEMENT.

I have been provided with a disclosure statement explaining the effect of this document. I have read and understand the information contained in the disclosure statement.

(YOU MUST DATE AND SIGN THIS POWER OF ATTORNEY)

I sign my name to this durable power of attorney for health care on _____ 19__, _____

(City and State)

_____   _____
(Signature)   (Print Name)

STATEMENT OF WITNESSES.

I declare under penalty of perjury that the principal has identified himself or herself to me, that the principal signed or acknowledged this durable power of attorney in my presence, that I believe the principal to be of sound mind, that the principal has affirmed that the principal is aware of the nature of the document and is signing it voluntarily and free from duress, that the principal requested that I serve as witness to the principal's execution of this document, that I am not the person appointed as agent by this document, and that I am not a provider of health or residential care, an employee of a provider of health or residential care, the operator of a community care facility, or an employee of an operator of a health care facility.

I declare that I am not related to the principal by blood, marriage, or adoption and that to the best of my knowledge I am not entitled to any part of the estate of the principal on the death of the principal under a will or by operation of law.

Witness Signature: _____ Print Name: _____

Address: _____ Date: _____

Witness Signature: _____ Print Name: _____

Address: _____ Date: _____

INFORMATION CONCERNING THE DURABLE
POWER OF ATTORNEY FOR HEALTH CARE

THIS IS AN IMPORTANT LEGAL DOCUMENT. BEFORE SIGNING THIS DOCUMENT, YOU SHOULD KNOW THESE IMPORTANT FACTS:

Except to the extent you state otherwise, this document gives the person you name as your agent the authority to make any and all health care decisions for you in accordance with your wishes, including your religious and moral beliefs, when you are no longer capable of making them yourself. Because "health care" means any treatment, service, or procedure to maintain, diagnose, or treat your physical or mental condition, your agent has the power to make a broad range of health care decisions for you. Your agent may consent, refuse to consent, or withdraw consent to medical treatment and may make decisions about withdrawing or withholding life-sustaining treatment. Your agent may not consent to voluntary inpatient mental health services, convulsive treatment, psychosurgery, or abortion. A physician must comply with your agent's instructions or allow you to be transferred to another physician.

Your agent's authority begins when your doctor certifies that you lack the capacity to make health care decisions.

Your agent is obligated to follow your instructions when making decisions on your behalf. Unless you state otherwise, your agent has the same authority to make decisions about your health care as you would have had.

It is important that you discuss this document with your physician or other health care provider before you sign it to make sure that you understand the nature and range of decisions that may be made on your behalf. If you do not have a physician, you should talk with someone else who is knowledgeable about these issues and can answer your questions. You do not need a lawyer's assistance to complete this document, but if there is anything in this document that you do not understand, you should ask a lawyer to explain it to you.

The person you appoint as agent should be someone you know and trust. The person must be 18 years of age or older or a person under 18 years of age who has had the disabilities of minority removed. If you appoint your health or residential care provider (e.g., your physician or an employee of a home health agency, hospital, nursing home, or residential care home, other than a relative), that person has to choose between act-

(este documento continúa en la siguiente página)

ing as your agent or as your health or residential care provider; the law does not permit a person to do both at the same time.

You should inform the person you appoint that you want the person to be your health care agent. You should discuss this document with your agent and your physician and give each a signed copy. You should indicate on the document itself the people and institutions who have signed copies. Your agent is not liable for health care decisions made in good faith on your behalf.

Even after you have signed this document, you have the right to make health care decisions for yourself as long as you are able to do so and treatment cannot be given to you or stopped over your objection. You have the right to revoke the authority granted to your agent by informing your agent of your health or residential care provider orally or in writing, or by your execution of a subsequent durable power of attorney for health care. Unless you state otherwise, your appointment of a spouse dissolves on divorce.

This document may not be changed or modified. If you want to make changes in the document, you must make an entirely new one.

You may wish to designate an alternate agent in the event that your agent is unwilling, unable, or ineligible to act as your agent. Any alternate agent you designate has the same authority to make health care decisions for you.

THIS POWER OF ATTORNEY IS NOT VALID UNLESS IT IS SIGNED IN THE PRESENCE OF TWO OR MORE QUALIFIED WITNESSES. THE FOLLOWING PERSONS MAY NOT ACT AS WITNESSES:

(1) the person you have designated as your agent;
(2) your health or residential care provider or an employee of your health or residential care provider;
(3) your spouse;
(4) your lawful heirs or beneficiaries named in your will or a deed; or
(5) creditors or persons who have a claim against you.

Testamento ológrafo.
(Vea versión en español en la página 180)

Last Will & Testament

I, Jane Smith, a resident of Harris County, Texas, declare this to be my Last Will & Testament. I revoke all prior wills and codicils.

First: I leave my 1982 Buick to my only brother, Jack Smith.

Second: I leave my dog, Shasta, to Nancy Jones, who resides at 1324 West Oaks, Houston, Texas.

Third: I leave the remainder of my estate to my parents, Susan Smith and Joe Smith, in equal shares. If they are not living, I leave the remainder of my property to the Society for the Prevention of Cruelty to Animals, Houston, Texas.

Fourth: I nominate Larry James as independent executor of my will. If he is not living or does not want to be executor, I nominate Keith Long to act in his place. I direct that no bond be required of my executor.

Executed at Houston, Texas, on July 2, 1990.

Jane Smith

Testamento de persona soltera.
(Vea versión en español en la página 186-188)

LAST WILL AND TESTAMENT
OF
JANET GRANT

THE STATE OF TEXAS)
) KNOW ALL MEN
COUNTY OF HARRIS) BY THESE PRESENTS

THAT, I, JANET GRANT, a resident of HARRIS County, Texas, being of sound mind and disposing memory and more than eighteen years of age, do hereby make, publish and declare this to be my Last Will and Testament, hereby revoking all Wills and Codicils heretofore made by me.

ARTICLE I.
Declarations

Section 1.1 I declare that I am not now married.

Section 1.2 No children have ever been born to or adopted by me.

Section 1.3 It is my intention to dispose of all real and personal property which I have the right to dispose of by will.

ARTICLE II.
Executorship

Section 2.1 I appoint my father, FRED GRANT of HOUSTON, Texas, Independent Executor of this my Last Will and Testament and of my Estate. Should FRED GRANT, for any reason or at any time be unable or unwilling to qualify, or for any reason fail to qualify, or, after qualifying, for any reason fail to continue to act, I designate my friend TOM POST of HOUSTON, Texas, as successor or substitute Independent Executor under this will.

As used herein the term "Executor" shall mean the person then acting under either of the foregoing appointments.

Section 2.2 I direct that no bond or other security shall be required of my Executor and any Executor hereunder shall be independent of the supervision and direction of the Probate Court to the fullest extent permitted by law. I further direct that no action shall be had in any court of probate jurisdiction in connection with this Will or in the administration or settlement of my Estate other than

_____
TESTATRIX

(este documento continúa en la siguiente página)

the probating of this Will and the return of any inventory, appraisement and list of claims due by or owing to my Estate.

Section 2.3 My Executor shall have, and may exercise without first obtaining the approval of any court, all of the powers of Independent Executors under the laws of the State of Texas.

ARTICLE III.
Bequests and Devises

Section 3.1 I give my diamond stick pin to my sister SUSAN GRANT, if she survives me by 30 days; if she does not, the gift shall lapse and become part of my estate.

Section 3.2 I hereby give, devise and bequeath the remainder of my estate, whether real, personal or mixed, and wherever situated to my parents, FRED GRANT and MARTHA GRANT, of HOUSTON, Texas, to share and share alike.

Section 3.3 In the event that either FRED GRANT or MARTHA GRANT does not survive me, I give, devise, and bequeath the remainder of my property of every kind, character and description, wherever situated, whether the same is real, personal or mixed, to the survivor.

Section 3.4 In the event that FRED GRANT and MARTHA GRANT, do not survive me, I give, devise and bequeath the remainder of my property to TOM POST of HOUSTON, Texas.

Section 3.5 In the event that none of the persons designated herein survive me, then I direct that my estate pass to my heirs at law.

Section 3.6 No one shall be deemed to have survived me unless that person survives at least 30 days after the date of my death.

IN WITNESS WHEREOF, I, JANET GRANT, testatrix, do hereby subscribe my name this the _____ day of _____, 19___, to this instrument and declare the same to be my Last Will and Testament, in the presence of _____,

_____

and _____
attesting witnesses at my request and in my presence and in the presence of each other.

_____
TESTATRIX

(este documento continúa en la siguiente página)

The foregoing instrument was now here published as the Last Will and Testament of JANET GRANT, and signed and subscribed by her, the Testatrix, in our presence, and we, at her request and in her presence and in the presence of each other signed and subscribed our names hereto as attesting witnesses.

Address:

_____

_____
Witness

Address: _____

_____

_____
Witness

Address: _____

_____

_____
Witness

_____

(ADD SELF-PROVING AFFIDAVIT)

Testamento de casado, sin hijos.
(Vea versión en español en la página 189-192)

LAST WILL AND TESTAMENT
OF
CATHY NAN SIMES

STATE OF TEXAS
COUNTY OF TRAVIS

KNOW ALL MEN BY THESE PRESENTS:

THAT I, CATHY NAN SIMES, of TRAVIS County, Texas, and being of sound mind and disposing memory and above the age of eighteen (18) years, do make, publish and declare this my Last Will and Testament, hereby revoking all other wills and codicils heretofore made by me.

I.

I declare that I am married to THOMAS SIMES and that all references in this Will to my spouse are references to him. I have no child or children, living or dead, born to me or adopted, at the date of the execution of this Will.

II.

I hereby nominate and appoint my spouse, THOMAS SIMES, as Independent Executor of the Will, and I direct that no bond shall be required of him. If my spouse, THOMAS SIMES, should predecease me, or for any reason fail to qualify or decline to act as executor, then I nominate and appoint JOHN TAPER, of AUSTIN, TEXAS, as Independent Executor of this Will, to serve without bond or compensation. If my spouse and JOHN TAPER both fail to qualify or decline to act as executor, I nominate and appoint ALICE BRADLEY of AUSTIN, TEXAS, as Independent Executrix of this Will, to serve without bond or compensation.

My executor/executrix shall have and possess all of the rights and powers and be subject to all of the duties and responsibilities conferred and imposed on an independent executor by the Texas Probate Code as the Code now provides or as it may be hereafter amended.

I direct that no action shall be taken in any court in relation to the settlement of my estate other than the probating and recording of the Will and the return of a statutory inventory and appraisement and list of claims of my estate.

(este documento continúa en la siguiente página)

III.

I give, devise, and bequeath to my beloved spouse, THOMAS SIMES, all of my property, real, personal, and mixed, and wheresoever located, of every sort and description of which I may die possessed, or to which I may be entitled at the time of my death, to have and to hold as his property absolutely.

IV.

If my spouse, THOMAS SIMES, should predecease me, or if he and I die as a result of a common disaster or under such circumstances that there is not sufficient evidence to determine the order of our deaths, or if my spouse, THOMAS SIMES, shall die within a period of 30 days after the date of my death, then all bequests, devises and provisions made herein to or for his benefit shall be void and my estate shall be administered and distributed in all respects as though my spouse, THOMAS SIMES, had not survived me.

V.

If my spouse, THOMAS SIMES, does not survive me, I give the sum of ten thousand dollars ($10,000) to SANDY WRIGHT of HOUSTON, TEXAS, if she survives me, and I give, devise, and bequeath my Hammond organ, automobile, jewelry and the residue of my estate to JOHN TAPER of AUSTIN, TEXAS, if he survives me.

VI.

In the event that JOHN TAPER, does not survive me, then I direct that my estate pass to my heirs at law.

VII.

No one shall be deemed to have survived me unless that person survives at least 30 days after the date of my death.

VIII.

If any beneficiary under this will in any manner, directly or indirectly, contests or attacks this will or any of its provisions, any share or interest in my estate given to the contesting beneficiary under this will is revoked and shall be disposed of in the same manner provided herein as if that contesting beneficiary had predeceased me without issue.

IX.

I declare that I have made and paid for funeral arrangements with PLEASANT VALLEY REST, AUSTIN, TEXAS, and I direct

_____

TESTATRIX

(este documento continúa en la siguiente página)

my executor/executrix to take all steps necessary to carry out such arrangements.

IN WITNESS WHEREOF, I, CATHY NAN SIMES, testatrix, do hereby subscribe my name this the _____ day of _____, 19___, to this instrument and declare the same to be my Last Will and Testament, in the presence of _____,

and _____

attesting witnesses at my request and in my presence and in the presence of each other.

_____
TESTATRIX

The foregoing instrument was now here published as the Last Will and Testament of CATHY NAN SIMES, and signed and subscribed by her, the Testatrix, in our presence, and we, at her request and in her presence and in the presence of each other signed and subscribed our names hereto as attesting witnesses.

Address:

_____
_____
Witness

Address:

_____
_____
Witness

Address:

_____
_____
Witness

_____

(ADD SELF-PROVING AFFIDAVIT)

Testamento de casado, con hijos.
(Vea versión en español en la página 193-196)

LAST WILL AND TESTAMENT
OF
JOSEPH RALPH SMITH

STATE OF TEXAS
COUNTY OF HIDALGO
KNOW ALL MEN BY THESE PRESENTS:

THAT I, JOSEPH RALPH SMITH of HIDALGO County, Texas, and being of sound mind and disposing memory and above the age of eighteen (18) years, do make, publish and declare this my Last Will and Testament, hereby revoking all other wills and codicils heretofore made by me.

I.

I declare that I am married to ROSIE JONNA SMITH, and that all references in this Will to my spouse are references to her. I have TWO children, now living, namely,

EMERSON SMITH	FEB. 18, 1958
	date of birth
BARBARA SMITH	OCT. 27, 1967
	date of birth

No other child or children, except as named above, were born to me at the date of execution of this Will and no child or children were adopted by me at the date of execution of this Will. All references in this Will to "my children" are to said named children and to any children hereafter born to or adopted by me.

II.

I hereby appoint my spouse, ROSIE JONNA SMITH, as Independent Executrix of my Will and I direct that no bond shall be required of her. If for any reason she cannot, or refuses to act as Executrix, then I appoint GEORGE JAMES of DONNA, TEXAS, as Independent Executor of my Will, to serve without bond. If my spouse and GEORGE JAMES both fail or refuse to qualify, I appoint FIRST BANK OF DONNA as Independent Executor of my Will, to serve without bond. I direct that no action shall be had in any court in relation to the settlement of my estate other than the probating and recording of this Will and the return of a statutory inventory and appraisement and list of claims of my estate.

_____
TESTATOR

(este documento continúa en la siguiente página)

III.

I give, devise, and bequeath to my beloved spouse, ROSIE JONNA SMITH, all of my property, real, personal, and mixed and wheresoever located of every sort and description of which I may die possessed, or to which I may be entitled at the time of my death to have and to hold as her property absolutely.

IV.

If my spouse, ROSIE JONNA SMITH, should predecease me, or if she and I die as a result of a common disaster or under such circumstances that there is not sufficient evidence to determine the order of our deaths, or if my spouse, ROSIE JONNA SMITH, shall die within a period of 30 days after the date of my death, then all bequests, devises, and provisions made herein to or for her benefit shall be void and my estate shall be administered and distributed in all respects as though my spouse, ROSIE JONNA SMITH, had not survived me.

V.

If my spouse does not survive me, I direct that my entire estate go to my surviving children, EMERSON SMITH and BARBARA SMITH to share and share alike. If any child of mine is a minor at the time of my death, then I hereby deliver his/her estate to GEORGE JAMES as guardian of the estate of my child, GEORGE JAMES, to serve without bond. If for any reason GEORGE JAMES cannot act in such capacity, then I appoint LEE EARL, of DONNA, TEXAS, to act as guardian of the estate of my child and to serve without bond.

VI.

In the event that at any time it may be necessary to appoint a guardian for the person of any child of mine, then I nominate and appoint as such guardian GEORGE JAMES, and if for any reason he shall fail or cease so to serve I nominate and appoint in his place LEE EARL as guardian hereunder, and I direct that no guardian shall be required to furnish any bond.

VII.

In the event that any of my children shall predecease me or if he/she and I die as a result of a common disaster or under such circumstances that there is not sufficient evidence to determine the order of our deaths, then all bequests, devises, and provisions made herein to or for his/her benefit shall be void and my estate shall he administered and distributed in all respects as though my child/children had not survived me.

TESTATOR

(este documento continúa en la siguiente página)

VIII.

In the event that none of the persons designated herein survive me, then I direct that my estate pass to my heirs at law.

IX.

No one shall be deemed to have survived me unless that person survives at least 30 days after the date of my death.

IN WITNESS WHEREOF, I, JOSEPH RALPH SMITH, testator, do hereby subscribe my name this the 21st day of JUNE, 1985, to this instrument and declare the same to be my Last Will and Testament, in the presence of _____

_____, _____

and _____

attesting witnesses at my request and in my presence and in the presence of each other.

_____

TESTATOR

The foregoing instrument was now here published as the Last Will and Testament of JOSEPH RALPH SMITH, and signed and subscribed by him, the Testator, in our presence, and we, at his request and in his presence and in the presence of each other signed and subscribed our names hereto as attesting witnesses.

Address:

_____

_____
Witness

Address:

_____

_____
Witness

Address:

_____

_____
Witness

_____

(ADD SELF-PROVING AFFIDAVIT)

Declaración jurada - auto probatoria.
(Vea versión en español en la página 197-198)

SELF-PROVING AFFIDAVIT
For Will

STATE OF TEXAS

COUNTY OF _____

Before me, the undersigned authority, on this day personally appeared _____,

_____,

_____

and _____,

known to me to be testator/testatrix and the witnesses, respectively, whose names are subscribed to the annexed or foregoing instrument in their respective capacities, and all of said persons being by me duly sworn, the said _____,

testator/testatrix, declared to me and to the said witnesses in my presence that said instrument is his/her last will and testament, and that he/she had willingly made and executed it as his/her free act and deed for the purposes therein expressed; and the said witnesses, each on their oath, stated to me, in the presence and hearing of the said testator/testatrix, that the said testator/testatrix had declared to them that said instrument is his/her last will and testament, and that he/she executed same as such and wanted each of them to sign as a witness; and upon their oaths each witness stated further that they did sign the same as witnesses in the presence of the said testator/testatrix and at his/her request; that he/she was at the time eighteen years of age or over and was of sound mind, and that each of said witnesses was then at least fourteen years of age.

_____
Testator/Testatrix

Address:

_____

_____
Witness

Address:

_____

_____
Witness

(este documento continúa en la siguiente página)

Address:

_____

_____   Witness

_____

SUBSCRIBED AND ACKNOWLEDGED before me by the said
testator/testatrix, _____,
and subscribed and sworn to before me by the said _____

_____, _____

and _____,
witnesses, this _____ day of _____, 19___.

_____   Notary Public

My commission expires:

_____

Disposición sobre la vida o "Living Will".
(Vea versión en español en la página 199-200)

DIRECTIVE TO PHYSICIANS

Directive made this _____ day of _____ (month, year).

I, _____, being of sound mind, willfully and voluntarily make known my desire that my life shall not be artificially prolonged under the circumstances set forth below, and do hereby declare:

1. If at any time I should have an incurable or irreversible condition caused by injury, disease, or illness certified to be a terminal condition by two physicians, and where the application of life-sustaining procedures would serve only to artificially prolong the moment of my death and where my attending physician determines that my death is imminent or will result within a relatively short time without application of life-sustaining procedures, I direct that such procedures be withheld or withdrawn, and that I be permitted to die naturally.

2. In the absence of my ability to give directions regarding the use of life-sustaining procedures, it is my intention that this directive shall be honored by my family and physicians as the final expression of my legal right to refuse medical or surgical treatment and accept the consequences from such refusal.

Other directions:

3. If I have been diagnosed as pregnant and that diagnosis is known to my physician, this directive shall have no force or effect during the course of my pregnancy.

4. This directive shall be in effect until it is revoked.

5. I understand the full import of this directive and I am emotionally and mentally competent to make this directive.

6. I understand that I may revoke this directive at any time.

Signed _____

City, County, and State of Residence _____

I am not related to the declarant by blood or marriage; nor would I be entitled to any portion of the declarant's estate on his/her decease; nor am

(este documento continúa en la siguiente página)

I the attending physician of the declarant or an employee of the attending physician; nor am I a patient in the health care facility in which the declarant is a patient, or any person who has a claim against any portion of the estate of the declarant upon his/her decease. Furthermore, if I am an employee of a health facility in which the declarant is a patient, I am not involved in providing direct patient care to the declarant nor am I directly involved in the financial affairs of the health facility.

Witness _____

Witness _____

Before me, the undersigned authority, on this day personally appeared _____, _____, and _____, known to me to be the declarant and witnesses whose names are subscribed to the foregoing instrument in their respective capabilities, and all of said persons being by me duly sworn, the declarant, _____, declared to me and to the said witnesses in my presence that said instrument is his or her Directive to Physicians, and that he or she had willingly and voluntarily made and executed it as his or her free act and deed for the purposes therein intended.

Declarant _____

Witness _____   Witness _____

Subscribed and acknowledged before me by the said Declarant, _____, and by the said witnesses _____ and _____, on this day of _____, 19____.

_____
                                    Notary Public

My Commission expires _____, 19____

INDICE

- R -

Recibidora, pagadora, máquina (Teller machine) 49-51

Regalos, cómo hacer valer oferta, 28-29

Regulación Z, (la verdad en préstamos) 8

Reparación, de apartamentos 115-116

Reposesión, 62

Robadas, o hurtadas propiedades 138

Robadas o hurtadas, tarjetas de crédito 48-49

- S -

Salud, poder para el cuidado de 167-172

Separada, propiedad 172-174

Separar, mercancía 38-39

Sexo, discriminación de crédito por 8-10

Sida, informar sobre, 96

Sin culpa, divorcio 73

Sociedad mercantil, 149-150

Sub-arriendo, 121

Sumario del fallo (Abstract of Judgment) 144-146

Cobrar un 144-146

- T -

Tácita, garantía 159-160

Teléfono, ventas 126-132

Testamentaria (probate) 165-185

Testamentos 165-185

De fuera del estado, 183-184

Efectos de no tener, 174

Hacer un 174-179

Patrimonio por vida y, 182-183

Formularios:

Ológrafo 180

Persona soltera 186-188

Casado, sin hijos 189-192

Casado, con hijos 193-196

Típica demanda en la Corte de reclamaciones menores 143

- V -

Ventas de "garaje" 91

Verdad en préstamos 6-8